FLAT
HOUSE
LIFE 1+2
written by arata coolhand

はじめに （FLAT HOUSE LIFE より）

　東京23区外、いわゆる都下には古い平屋＝FLAT HOUSEがいくつも点在している。私がその一棟に住み始めたのには、小さなきっかけがあった。

　それは15年ほど前に遡る。フリーのイラストレーターとなった当初、まだ画描きだけでは生活できずアルバイトと並行しながら暮らしていた。それから3年、少しずつ画の仕事の比重が増えだし、丸一日家に篭ることが多くなった。会社勤めの頃から住んでいたワンルームマンションをそのまま仕事場に兼ねたことが祟ったのか、篭りっきりで画を描いているとシェルター症候群よろしく気分がすこぶる落ち込んだ。ここからすぐにでも脱け出したい — そんな思いに強く駆られるようになった。

　ただその転居願望は、より広いマンションへ移るという気持ちにはまったくつながらなかった。代わりに、20代の頃よく遊びに行っていた都下の友人宅の平屋がむくむくと姿を現した。

　その家は福生にある米軍ハウスの集落の中の一棟で、築年数は40年近く経っていた。住人達は夜な夜な共有庭に集まって焚き火を囲んでの大小ご宴会。「金なんかなくても人生幸せ」といわんばかりの、まるで遊ぶように暮らす彼らの姿はとにかく衝撃的で頭に強く残っていた。その暮らしぶりもさることながら、何より家そのものに魅せられた。真鍮製のドアノブや木製の窓、ペンキが塗り重ねられた壁、見たこともないような古いキッチンユニット……。リビングに引き入れられた旧型英国製バイクはヤレたフローリングに相まってインスタレーションアートのようだったし、時代錯誤のタイル製バスタブが横たわるバスルームはトイレが一緒になっていてまるで洋画のセットのようだった。どのディテイルをとっても申し分なく、

※第二次大戦後、米軍が日本を極東アジアの軍事拠点と位置付けした際、日本政府に依頼し駐在兵士のために大量に作られた借り上げ住宅のこと。正式にはDependent House／占領軍扶養家族住宅。通称「米軍ハウス」。

とたんに自分の住んでいるワンルームマンションが平凡でつまらなく思えてならなかった。「今こそあんな平屋に住んでやろう」、その時の憧憬の念がタイムカプセルを開けるがごとく蘇えった。

　自転車で平屋物件を細かく物色していた秋口、緑地公園の近くに古い平屋の集落を発見した。その一棟に入って行こうとする白人女性に声をかけると、立ち話もなんだからと中に入れてもらえることに。入るや否や友人の米軍ハウスに近いニオイを感じ、一気に高揚した。オーナーのことや借り方、賃料などいろいろ質問すると、一棟空家があることを知らされる。思えばこの日が今日まで続く平屋ライフの入口だった。

　その後、紆余曲折を経て何とか「宙に浮く鉄筋のハコ」から脱出、緑地公園まで徒歩1分足らずというロケーションの平屋に移住できた私は、春を迎える頃には心身共にすっかり健康となっていた。何より考え方がとてもアグレッシブになったことが収穫だった。その後のゆっくりと階段を上がるような暮らし向きの好転は、この平屋の影響が少なからず関係していると今でも思う。精神と肉体のバランスを再調整してくれたこの平屋は、私が最も苦しかった数年を支えてくれた恩人ならぬ『恩家』だ。

　そんな私のように、都下のFLAT HOUSEを探す人たちが最近増えているらしい。顔見知りの不動産屋は平屋を求めて来る客が増加しているというし、webに載る平屋物件は問い合わせると大方がすでに借り手がついている。90年代のサブカル系雑誌から端を発した温故知新ブームのベクトルが、今世紀に入りミッドセンチュリーモダン・リバイバルに煽（あお）られ、ロハス志向家や和洋アンティーク・ファン、ジャンクコレクターらを巻き込みながら合流し、インテリア・什器に飽き足らずそれを入れる器である「家屋」へとシフトしてきたのだろう。

　そういった「同胞」が増えてきたことは嬉しい限りだが、一方でそのような平屋物件は相変わらず単なる「うす汚れたしもた屋」として扱われ、オーナーの代替わりも手伝い、潰され続けている。そして細長ペンシル戸建や巨大マンション、現場でパチパチと部品を

はめ込んで作るいわゆる「プレキャスト住宅」に取って代わられている実態には一向に歯止めがかからない。現在の新築住宅すべてが悪いとは言わないが、私たちの周囲がコスト偏重の画一住宅ばかりで埋まっていくことに強い危機感を感じて止まない。古い平屋1棟の跡にペンシル戸建が3棟も建つ。一見小ギレイだが隣家同士に遊びはなく、風情も味わいも見あたらない。やがてこんな家ばかりでいっぱいになってしまったら、そこは果たして「街並み」といっていいのだろうか？　将来東京の心象風景をこの家々が代表するのだとしたら、何だかとてもやるせない気分になる。

　この『FLAT HOUSE LIFE』に掲載されている住人たちは、そんな世界でもトップレベルな劣悪住環境都市・東京でも考え方を少しシフトチェンジするだけでゆったり自適に、かつ素敵に暮らして行けることを体現してくれている。まだまだ世の中捨てたもんじゃないと教えてくれている。オシャレなインテリア雑誌に出て来るような「いかにも」的完成度には欠けているかもしれないが、その分下町の長屋ともまた違った「東京都下の平屋」に活き活きと暮らすリアルなバイブレーションがそこにはある。

　本書では、建具やパーツといった家そのものの魅力に主なるスポットを当てている。古い平屋にしかない空気感を少しでも共有してもらえたらとても嬉しい。これを読んだ後すぐさま物件探しを始め、「築半世紀の古い平屋に引っ越しました！」と、駅近マンション暮らしを捨てる働き盛りのサラリーマン夫婦が周囲に大勢出てくることをひそかに期待している。

　さあ、便利だけの駅近マンションやペンシル住宅を出て、FLAT HOUSEに住もう！

【注】正確な平屋の英訳としては"One stride house"が一般的ですが、本書では、日本人に連想しやすい意訳として"FLAT HOUSE"と呼ぶことにしました。ご了承ください。

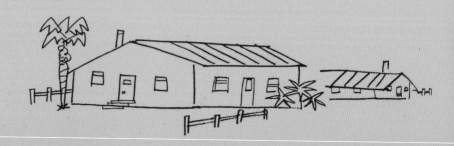

はじめに （FLAT HOUSE LIFE vol.2 より）

　前刊を上梓して3年が経った。1年などあっという間に過ぎる昨今、その×3とて似たようなものと思っていたが、さに非ず。この間には本当にいろいろなことがあった。それまでにない経験は時間の経過を長く感じさせる作用がある、というのはどうやら本当のようだ。

　まずは、人との交流の機会が大幅に増えたこと。2010年には渋谷のロゴスギャラリーで『FLAT HOUSE LIFE展』なるイベントを僭越ながら2週間にも渡って開催し、『FLAT HOUSE meeting』と銘打ったトークライブも5回敢行。遠くは九州にまで遠征し、たくさんの読者や平屋に憧れる人々と出会うことができた。また、メールやご連絡も多数いただき、全国の未見の方々からたくさんの古い平屋に対するパッションを頂戴した。そのことについてはこの場を借りて厚く御礼を申し上げたい。

　そして私が"FLAT HOUSER"と勝手に命名した全国の「平屋住人」とのつながりができたことも大きな収穫。彼らとのコンタクトで、こんなに多くのFLAT HOUSEに魅了された割り符の合う人々がいたのかと改めて驚かされた。

　また、B5判型を採用した『FLAT HOUSE style』という平屋1軒を1冊に綴る書籍の自費出版にトライしたこともエポックのひとつ。これは、日頃から「この社会に生きている限り、大それたことでなくともせめて小それたことくらいはすべき」と言っていた自分に対してひとつ担わせた課題でもあった。それまでは絵描きとしてのパートワーカーとしてしか携わってこなかった「出版」を、今度は自らが長となってイニシアチヴを握ることで、取材・執筆は元より、広告募集や書店への営業、本の運搬から納品までの、その全工程を体験することとなった。もちろんこの仕事は現在も続行中で、次々やってくるハードル越えの

連続ではあるのだが、これにはまた今まで知ることのなかった場所で生きる人たちとの出会いというボーナスも付いていた。ZINE（ジン）やリトルプレスと呼ばれる自費出版本は現在注目されており、それらを愛好する人たちとの出会いというのが待っていたのである。

　全国の書店では自費出版本を集めたイベントが催され、私たちも多方面からお声をかけて頂いた。中でも面白かったのは『リトルプレスをつくる』という本に拙著が紹介された後日のこと。編集者が音頭をとって掲載されたリトルプレス発刊者を我が家に集めパーティを催した際、全員が持参した自らの本を互いに回し読みしたのだが、その時の会話と場の空気は今でも忘れられない。長きに巻かれることなく、自らの力をフルに駆使して己のセンスやハートをキチンと形にして伝えようとする人たちの人間的レベルの高さ。本来本を作る人とはこういう人たちのことなんだと感じ、同胞に囲まれたような居心地の良さを味わわせてもらえた。これらはいくらお金を積んでも得難い経験であり、FLAT HOUSEがもたらしてくれた予想外のプレゼントとしてとても感謝している。

　しかし、良いことばかりでは当然なかった。やはり触れないわけにはいかないのは東北から関東を襲った大震災のことだ。直接的被災地に集中していた製紙工場の損壊は、出版業界にも大打撃を与えた。加えて福島第一原子力発電所から漏れ出た放射能による海洋・土壌・空間汚染は、多くの人たちに移動を強要させるに及び、今も被害を拡げ続けている。対岸の火事などではあろうはずのない私の住む首都圏も、自宅延焼に直面したも同然、太平洋はるか沖の海底プレートが少し身震いをするだけで、いとも簡単に麻痺状態に陥るという脆弱さを自覚させられた。そしてその状態が１週間も連続すれば、当たり前にあると思っていた私たちの日常などあっさりと強制終了するということも教えられた。

　もちろん私個人も生活動機がしばらく見出せずにいた。周囲から西へ移住する人々の噂話もよく耳にするようになり、仕事をたたんでゆく知人の姿も見た。温度差の激しい危機意識が国民感情を分割し、国や大企業によるロコツな理不尽が個々人の生活へピンポイントに反映されてゆく現実。そんなことに心身ともに振り回されながら、この１年半を費やしてしまった感がある。

　そんな中、近所の空き地で始まった建て売り住宅群の建築現場を見たのは、誠にショックな出来事だった。まだ臨海の区々では地面の液状化で傾いた家をどうするか解決できずにいて、首都圏では節電に加え昼夜を問わずの計画停電。ガレキ処理や原発も収拾のメドが立たず混乱の入り口にいた時分だ。さすがに新築など考えにも及ばなかった最中のこと、ネガポジが反転するほど眼を疑った。こんな状況下にいったいどういう考えのもとに新し

い家などを建てようというのか？　どこのだれが建て売りなどを買うと思っているのだろう？　そんな思考停止した事業をいったい誰が推進しているのかと一気に疑心が押し寄せ、本来なら「復興」と解釈してもよさそうなその光景に、何が起ろうと経済活動があくまで主役、天災被害とは別問題といわんばかりの逆行動に映り、むしろ暗い気持ちになってしまった。

　しかしそこでうつむかず、ストライクバックに転じるところが私の逞しいところかもしれない。それならこちらも「本を書いている場合だろうか」なんてうじうじと考え込んでいるわけにもいかない、壊されゆく大好きな平屋を守る仕事に戻るだけだと、警策で横頬を叩かれたかの如く奮い立ってきてしまったのである。どうしてもそんな気になれず頓挫したままだった平屋の取材が、むしろ天命のような気持ちとなって再開したのだった。

　というわけで、珠玉の平屋を再び。これからお目にかける11軒は、前刊ともまた違う魅力を湛えたFLAT HOUSEが揃っている。初刊が「平屋とは」であるならば、第2章となる本書は「平屋住人とは」といったところか。書き終えてみるとあんなことがあったせいか、思いのほか家という物質的な器よりも、そこに滲み出た住人のエモーショナルな部分によりフォーカスが合わさったような感じがする。頂戴したメールや書評の中に「眠る前に布団の中で読んでいる」という文面をしばしば見かけた。この厳しくも世知辛い社会状況の毎日では、せめて就寝前のひと時くらいが心底安らげる時間なのかもしれない。そんな時間のお供にこの２冊目もなれるならば、幸甚である。良いと思えることが少ない昨今、こと更そう願う次第だ。

　尚、今書は前刊よりも物件数を少なくした。もともと私がこのサイズの本の掲載限度と考えていた軒数に近い。前回は選りすぐりとはいえ、８年間という歳月の中で集めた膨大なデータの中からの紹介であったため、予想通りページ数がそのボリュームに追いつかず、どこか表層的にならざる得なくなってしまったという「事情」があった。そのため不完全燃焼の念が少なからず残ったが、今書ではその轍を踏まぬよう出版社とも協議を重ね、物件数を絞ることによって一軒一軒の細部までを割愛することなくじっくりと見せられるようにできた。また、時間をかけて丁寧に取材をし、よく吟味した上での物件掲載が前刊にも増して叶ったことも併せてお伝えしておきたい。

アラタ・クールハンド

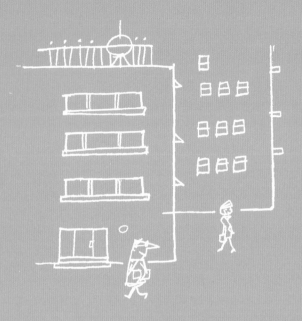

家賃が安い
意外かと思われるかもしれないが、都下物件であれば同じサイズのマンションよりも賃料が安いことが多い。もちろん地価の高い23区内では必ずしもそうとはいえないが。

初期費用が少なくて済むケースが多い
不動産屋が介入しない大家直貸し物件が少なくないため仲介手数料が不要になり、その分初期費用が安く済む。なぜ払わなくちゃならないのか一向にわからないあの更新料も不要の場合がしばしばある。

FLAT HOUSEのここがイイ！

漠然と平屋に住みたいと思っている人は多いと思うがいったいどこがいいのか？　と問われるとそれは住んだ者にしかわからないことが多そうだ。そこで実際住んでみた結果、集合住宅よりFLAT HOUSEの方がいいという部分をまとめてみた。

アプローチがある
アプローチは防犯上にも意味のあるスペースだが、何より門扉から玄関までの道程がやはり「家に住んでる！」と感じさせてくれる。

FLAT HOUSE LIFE

引越し代が安い
階段やエレベータを使う集合住宅よりも引越しの費用は安い。平屋から平屋への引越しはさらに安くなる。

気兼ねが要らない
集合住宅のように上下階がないため気兼ねすることなく生活ができる。ミュージシャンが好んで住むのもそのせいかもしれない。

ペット飼いが可能
大家によって違いはあれど、ほとんどの物件が犬猫OK。

画一的でないインテリア
作り付けの棚やキャビネット、古いライトやスイッチパネル、使い込まれた壁や床など、コスト偏重で建てられた今の建物にはない味わい深いインテリアや建具の素材感を楽しむことができる。

庭がある
芝生を敷いてBBQもできれば子供も遊べ、洗濯物は干し放題。家庭菜園だって可能だし都会では見られない動植物の観察も楽しめる。広ければ鶏を放し飼い、朝採れタマゴなんていうのも夢じゃない。

駐車場代が無料
概ねの物件は駐車場が無料、あるいは格安で付属する。賃料が10万円を超えたり都心から離れれば2台以上駐車できるカーポートかガレージを備える物件が増え、たとえ交通アクセスが悪いロケーションでも車での来客に対応できる。

近所付き合いが密になる
お互いの生活が見える分、近所付き合いが深くなる。集落で存在する平屋間では醤油の貸し借りだって本当にあるし、助け合いの意識が強まる分連帯感も強くなり、ひいては防犯性も高まる。BBQや飲み会が行われたり、巨大な集合住宅では考えにくかった職場や既存の友人関係以外でのコミュニティが構築される。

FLAT HOUSEについて
本書で紹介するFLAT HOUSEは「米軍ハウス」(P2参照)と、「文化住宅」(あるいは「かさく住宅」)と呼ばれる和平屋の2種類。前者は土足生活仕様で、玄関がなかったりバスルームにトイレがユニットされているなどオールフローリングの完全アメリカンスタイルの構造。後者はやはり50〜60年代のベビーブームに大量供給された邦人向けの住宅で、玄関や畳の間もあり風呂トイレも別になっている。

FLAT HOUSE LIFE
CONTENTS

2 はじめに
6 FLAT HOUSEのここがイイ！

CASE.1
背の高い
棕櫚の樹が立つ
風が心地よく
抜ける平屋

水田邸
Mizuta
House:
Tokyo

14

CASE.2
門からドアまで
10メートル
まっすぐ延びる
アプローチの
ある平屋

岩本邸
Iwamoto
House:
Tokyo

28

CASE.3
オーナー自らが
家族と暮らす
『ちいさいおうち』
のような平屋

鈴木邸
Suzuki
House:
Tokyo

42

CASE.4
子供たちの
遊び場がたっぷり
小さな森の
ある平屋

仲村邸
Nakamura
House:
Tokyo

66

CASE.5
葡萄棚と
広い空のある芝庭
家族5人で暮らす
工夫いっぱいの
平屋

Lee邸
Lee
House:
Tokyo

74

CASE.6
犬にサボテンに
バーカウンター…
これぞ正しき
米軍ハウスの
暮らし、の平屋

森田邸
Morita
House:
Tokyo

92

CASE.7
ワンルーム
マンション並み賃料
の広い裏庭がある
平屋

平川邸
Hirakawa
House:
Tokyo

104

CASE.8
生活スタイルと
家族構成に
ぴったり適合した
クリエーターの
母と息子の暮らし
をしっかり
支える平屋

五十嵐邸
Igarashi
House:
Tokyo

110

CASE.9
竹林の横に建つ
空気の澄んだ
平屋

アラタ・
クールハンド邸
Arata Coolhand
House:
Tokyo

128

CASE.10
住人の
イマジネーション
を忠実に
具現化する平屋

小林邸
Kobayashi
House:
Tokyo

136

CASE.11
マンションからの
脱出を促した
SOHOとしての
平屋

H氏邸
Mr.H
House:
Tokyo

150

CASE.12
人に見捨てられた
品々と愛犬と
侘び寂びの平屋

香月邸
Kaduki
House:
Tokyo

156

CASE.13
オリジナルパーツ
がたくさん残る
広いアトリウムの
ある大きな平屋

恒松・
高山邸
Tsunematsu,
Takayama
House:
Saitama

174

CASE.14
家族の変遷とともに
成長してきた
二世帯住宅の平屋

洪邸
Kou
House:
Saitama

194

CASE.15
従業員が
住み継いできた
緑豊かな
山裾に建つ平屋

伊東邸
Ito
House:
Saitama

208

CASE.16
明るい玄関と
天窓が魅力
再開発の憂き目を
逃げ延びた
SOHOの平屋

本橋邸
Motohashi
House:
Saitama

218

CASE.17
フリークの
脳内世界を
ディスプレイする
広い庭と
アトリエのある
平屋

SKETCH邸
SKETCH
House:
Saitama

228

CASE.18
ハウスから
ハウスへ。
平屋渡りの女人が
選んだ平屋

眞鍋邸
Manabe
House:
Kanagawa

242

CASE.19
芸術一家が暮らす
還暦を迎えた平屋

高垣邸
Takagaki
House:
Kanagawa

250

CASE.20
かわいいキッチンに
英会話教室、
子供から大人まで
集う平屋

塩原邸
Shiobara
House:
Tokyo

260

CASE.21
「密林ハウス」から
生まれ変わった
夕暮れの似合う
平屋

**河田・
加治佐邸**
Kawada, Kajisa
House:
Tokyo

272

CASE.22
ガレージや
パティオまで自作
プロレタリア・
アーティストによる
セルフリノベート
の平屋

大澤邸
Osawa
House:
Tokyo

282

CASE.23
基地の街の外れに
残された
集落にある
長屋型平屋

猪上邸
Inoue
House:
Tokyo

300

CASE.24
見事に環境を
克服したバラと
箱庭の平屋

渡辺邸
Watanabe
House:
Tokyo

314

CASE.25
丘の上に建つ
ポストモダンの
平屋

大西邸
Onishi
House:
Tokyo

328

CASE.26
近隣FLAT
HOUSER
垂涎の
米軍ハウスは
かわいらしい
たまご色の平屋

本橋Marie邸
Motohashi
Marie
House:
Tokyo

334

CASE.27
庭菜園と愛猫と
大きな書棚
アプローチが
魅力的な
白いドアの平屋

大滝邸
Otaki
House:
Tokyo

356

FLAT HOUSE LIFE
パーツ・ミュージアム

62
アブストラクト・
アート編

63
トマソン編

64
照明編

100
スイッチ・
コンセント編

102
タイル編

134
洗面シンク編

170
ガラリ編

172
ブレーカボックス編

FLAT HOUSE LIFE
COLUMN

131
過剰
リノベーション
検証

133
良いFLAT
HOUSE探しの
心得

216
もし
FLAT HOUSE
以外なら、
どんな家?

238
FLAT HOUSE
リノベート日誌

258
What's this?

CASE.28
野球と銅版画と
ブルドッグ
工房シェアリングの
平屋

永澤邸
Nagasawa
House:
Tokyo

366

CASE.29
都心まで30分の
好立地
カーポート付きの
小さな平屋

高橋邸
Takahashi
House:
Tokyo

374

CASE.30
ウィリアム・
ヴォーリズの
愛弟子が
設計した
和洋折衷の
大きな平屋

大谷邸
Otani
House:
Tokyo

380

279
密林ハウス
改修エピソード

310
かくして
FLAT HOUSEは
壊される

333
バスルーム
改修依頼
エピソード

352
NIGHT TIME

378
FLAT HOUSEに
あるといいモノ
便利なモノ

392
おわりに

393
FLAT HOUSE
LIFEが
できるまで

CASE.1

背の高い棕櫚の樹が立つ
風が心地よく抜ける平屋

水田邸（東京都）

経年で朽ちかけた米軍ハウス群の中に、
平遥古城の如く美しいコンディションで建つ水田邸。
芝生の庭にシンボリックに立つ棕櫚(しゅろ)の樹は、
どこかの島のコテージにでも来たかのようだ。

これが日本の平屋？　誰もが眼を疑う完成度。ここに人が住んでるの？　誰もが聞いてしまう非日常感。足を踏み入れると誰もがしばらく黙って見回してしまう。

水田さん製作のオブジェ。彼はまだ30代前半の若者。その世界観を如何なく引き出しているこの平屋は約50歳。興味深い新旧のコラボレーションだ。

キッチン側から玄関を望む。気が遠くなるほどの長時間を費やして、カットした木材を組んだヘリンボーン柄の床が部屋の空気をぐっと締めている。

上／実はこの床組み、前居で一度やって懲りていたらしいのだが、「またやってしまいました……」と苦笑。下／天井の梁がロマネスク調。水田さんの作風と合致する。

　この家の住人、水田さんはインテリア製作のプロだが、中に入って驚かされるのが彼の作品の数々と家の関係だ。米軍ハウスでありながらアメリカンテストとは相反するヨーロピアン・シャビーなテイスト。しかし、家年齢と時間軸を合わせることで、舞台セットかと見紛うほどの完成度で成立している。

　結婚を機にこのハウスを見つけて転居した水田さん。賃料8万円を切るこのハウス、入居前は相当ぼろぼろだったようだが、そこはプロ、リノベーションもソツがない。

　それにしても風がよく通る。陽射しもよく入りとても明るい。どんなスタイル属性にも入れられない孤高の平屋をご覧あれ。

再 塗装をしたシンク、キャビネットは共にオリジナル。特にシンクは木製のため、腐敗から交換されていることが多く、古いものを見られることは稀。前住人の扱いがよかったのだろう。左のキャビネットの上天井に通気孔だろうか、不思議な穴がある。

雰囲気をこわす現行品類は自作のケースで隠す。

天井は長方形に桟が入る。パースがきれいだ。

水田邸のキッチンはめずらしく2面採光でとても明るい。ガス台も水田さんの自作。

床はオリジナルなのだが、仕事を重ねるうちにさらに年季が。ここまで来るともうイタリアン・プロレタリアート映画のセットだ。

右・上／作業部屋には機器類や道具がディスプレイされているかのように並ぶ。どれがオリジナルパーツなのかわからないほど作品が家に溶け込んでいる。

左・上／東向きの明るい書斎。水槽にはハリネズミが丸くなって眠っていた。彼の家まで手作りでその細やかさに感心。

リビングを北に入るとバスルーム・ベッドルーム・作業部屋をつなぐエントリーが。4畳ほどの広さがあり、暗さと湿度が心地よい。

6畳ほどのベッドルームは北側の一室。真っ白に統一されているためわかりにくいが、腰板が付いていることに気づく。

ドア側にあるクローゼットと天袋は作り付け。でしゃばりもなく使いやすそうだ。

Mizuta House: Tokyo

天井には紋章風のパターンが。クッションフロアと同じ材質のようだが、この時代の平屋ではよく見られる処理だ。

ライムグリーンで塗られたバスルームはタイルを剥がし、コンクリを打ち直している。シンクは外枠付きの古いタイプ。

塀の類はない。隣家との境界線は植物が曖昧に引いている。外壁処理は実家が塗装業であるため玄人並み。

Exterior
Back yard

小ぶりでシャビーなサンルームは水田さん作。実はこれ、母屋を削った部分に建てられている。おそらくオーナーが税金対策で家の容積率を下げるために大工事をしたのだろう。

サンルーム横の水道栓。オリジナルらしいが、水田さんの作風に実にマッチしている。

カーポートを含めた前庭に注ぎ込に敷きつめられた高麗芝と背の高い棕櫚の樹。玄関のドアは自作。

裏には10坪ほどのバックヤード。植栽も雑草の整理もやり過ぎず、とても自然な感じ。

バックヤード側の壁。右はサッシに換えられたリビングの窓、左はキッチンのオリジナル木枠窓。対比が面白い。

菜園もあり

風通し抜群!

BACK YARD

隣家との垣根が低く良いカンジ

LIVING ROOM

苦心して組んだヘリンボーンの床

元々はこの位まで リビングルームがあったらしい!

　いくら写真を見せられたところで水田さんはインテリア製作の本職、一般人の参考にはならないという向きももしかするとあるかもしれない。

　だが、彼はとりたててどこかの大学で学んだわけでも有名なアーティストに師事していたわけでもなく、「好き」が高じて自らのセンスを研鑽した結果に過ぎない。ということは、たとえ勤め人でも心意気ひとつで如何ようにも生活を変えることができるということ。水田さんの場合も好きなものを突き詰めたら素敵な生活がついて来た、といったところなのだと思う。

　編集部の女性スタッフも今回の取材以前は特に平屋に対する思い入れはなかったらしいが、水田邸のディテールと雰囲気にはすっかり魅了された様子。まったく予備知識のない人にもそれだけの衝撃を与える迫力がFLAT HOUSEにはあるのだ。

　それにしてもこの平屋で新婚生活とは羨ましい限りである。

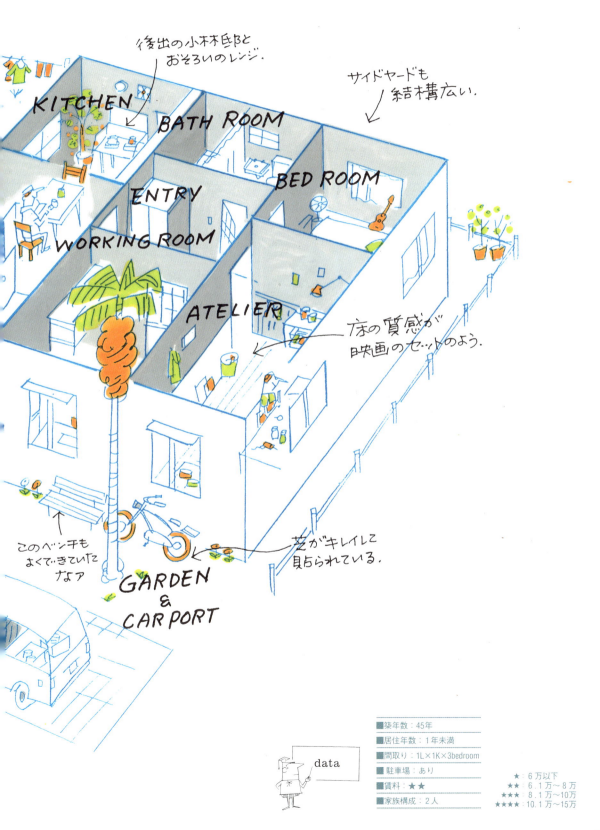

CASE.2

門からドアまで10メートル まっすぐ延びる アプローチのある平屋

岩本邸（東京都）

低い木製フェンスに囲まれ、
小窓のあいた古い木製の玄関ドアまで
すうっと延びたアプローチ。
その両脇にはきれいに刈られた
青い芝生が広がっており、
屋根付きオープンガレージには
欧州車が静かに収まっている。
「家」とは斯くあるべき、の
お手本のようなハウスだった。

見よ、このまっすぐと延びたアプローチを！ その距離ざっと10メートル！ 父親が米国軍人で横須賀のハウスで生まれ育った友人が以前、「アプローチのないものは家ではない」と言い切っていたのを思い出した。これこそが地価の低い都下ならではの贅沢、FLAT HOUSEの真骨頂だ。

リビングはSOHO※としても使用しているため、12畳ほどを2：1くらいに区切ってオフィスを兼ねている。ドアを開けると靴を脱ぐスペースなしにリビングにつながるのがアメリカンハウスである所以。「女性に靴を脱げなんて失礼でとても言えないからネ」と、岩本さんは靴のままで上がるスタイルを入居時から続けている。こういうポリシーを貫けるところにもハウス物件の柔軟性を感じる。

※Small Office、Home Officeの略。職場と自宅を一体化したもの。

Living room

上／多くのハウスの場合、床面が地面から低いため湿気からくる傷みが激しく、大抵が新建材に刷新されてしまっている。そのためこのようにオリジナルがいい状態で残っていることは稀だ。
左／雑然と配置された日用品にも無計算のセンスが垣間見える。家の持つ力もあるだろうが、誰もがこうできるとは思えない。

　この家との出会いは2年前に遡る。今は取り壊されてしまったが、向かい側にあった米軍ハウスの最後の住人が出て行った直後、やはり近隣のハウスに住んでいた友人から情報が入って観に来たときだった。取り壊されてしまったハウスも庭がたっぷりあって素晴らしかったが、私の目が釘付けになったのはその向かいにたたずむ、同じオーナーのハウスと思しき岩本邸だった。

　空きハウスのオーナーを聞き出す目的もあったが、とにかく中が見たくてたまらなくなり、少しの躊躇を経てノックをすると、物静かそうな男性が顔を出し意外にもすんなり中に通してくださった。

　迎えてくれたのは35年もの年月ここに住んでいる岩本夫妻。別に良いように言うわけでなく、なんてイイ感じに肩の力の抜けたおふたり。

　仕事柄なのか、リビングには電気部品のようなデリケートそうな微細な品々がそこかしこに見られ、さしずめ「ラボラトリ＝研究所」のような印象。しかも遊び心満載の！　家とは住み手の脳内の具現化だ。きっと面白い御仁に違いない。

　それから2年後、再び訪れた私は取材と称しながら、岩本夫妻の脳内探検に泳ぎ出た。

Kitchen

1. レンジは東側にぽつんと独立している。入居当時フードはなく、後付けの手製。

2. 電子レンジの裏側にお勝手口があった。ここから道路側のバックヤードに出られるようになっているのだが、ドアノブがすでにアンティークの様相を呈している。

キッチンの広さはおよそ8畳はあるだろうか。中央にはテーブルを置き、アイランド型カウンターのようにしてシンク周りの狭小スペースをカバーしている。昨今のキッチンユニット事情とはまったく逆行している小ぶりなシンクだが、奥さんののり子さんから狭さなどに対する不平不満は一切聞かれなかった。歳月をかけて使いやすいように変化させているためだろう。

③ ④ ⑤

3.

基地から響くジェット機の騒音から少しでも守るためなのだろうか、当時のハウスの窓は日本家屋のそれより規格が小さい。このシンク上の窓も小さいが、ここから入ってくる光量でシンク周辺の明かりはまかなわれている。

4.

キッチンユニットのベースは木製。その上からステンレスでシンク周りを被せるスタイルが、米軍ハウスオリジナルの特徴。このタイプは永年住んでいるからこそ残っているのであって、出入りの激しい物件は大かたが今風のユニットにそっくり換えられてしまっている。

5.

天井付近のフシギなところに電源が。穴の形状から見るとアメリカ製の古い家電対応のようだが、すでにトマソン化。詳細は不明。こういうパーツとの出会いが古い平屋の楽しさだ。

Bathroom

上／バスルームのドアはまるでPOPアート。スクラッチ跡からその前に塗られた色が覗いている。ジャスパー・ジョーンズの絵画のようだ。
下／シンクの型でざっくりとした家年齢がわかるが、これは家より新しい。充分レトロ感はあるが一度改新されたようだ。

上／タイルとコーディネイトさせたのだろうか。天井には立方体のライト。
下／洗面キャビネットは木製であることから、完成当初から取り付けられていたと思われる。現在は濃いネイビーだが、やはり何度か塗り変えられていて住人の愛着の歴史を感じる。

上下／金属製のキャップを開けると……やはり電源。防水用キャップには脱落＆紛失防止のチェーンが付いている。

左／ドア横スペースという場所から推測するにおそらく洗濯機用の電源。下部に設えたタオルハンガーと壁との画面構成がデ・ステイル的。

現在の住宅ではまずお目にかかることはできない、バスタブまでも！のオールタイル貼りのバスルーム。当時はまだタイルのパネル工法などなく、ひとつひとつ埋め込むように並べていったはず。現在こんなことをしようと思えば、莫大なコストがかかるだろう。お金持ちしかできないようなこんな細工が当時のハウスの標準施工だったとしたら、現代の住宅のほとんどがローコスト住宅というしかない。

岩本邸にはストッカーを置けるくらいのタップリとしたサイドヤード（側面の空間）があった。隣家との境界も木製フェンス。

バックヤードにまわると花畑に遭遇。こんなヨーロッパの絵本にでも出てきそうな空間が裏庭にある。

米軍ハウスや古い平屋には、大抵周囲をぐるりとまわれるくらいのスペースがとってある。建ぺい率いっぱいに建てるのが定石となった現在では、こういったバックヤードの存在は無用の長物とも思われるだろう。しかし、この遊びが暮らしにゆとりを与え、家の風通しと景観を良くしている。

ハウスの場合、芝刈り機や庭仕事の道具、家の補修道具などを収納できるストッカーが、バックヤードに存在することが多い。これはアメリカ住宅が納屋を持つ牧場のランチハウスを基本にしているからではないだろうか。おそらくアメリカ人の持つDIY精神には欠かせないスペースなのだろう。

使わなくなった芝刈り機が放擲されていた。数年前までは稼動していたらしいが、とてもフォトジェニックだ。

傷んだドアはセルフ・リプロダクトに交換した。窓は開閉が可能。最下の四角い穴は猫用エントランス。

郵便受けの開閉ギミックがとてもよくできている。その上に見える幾何学的な壁飾りはドア・チャイム。

真鍮(しんちゅう)製のドアノブはハウスのオリジナルパーツを使って。オリジナルのレトロ加減にはビックリ。

鍵ひとつとっても昔はなんてモノ作りに手間ヒマをかけていたんだろうと考えさせられてしまう。

35年も住んでいると自家製のインテリアさえもビンテージ化する。パーツストッカーとハンガー掛けが、すでに家屋の一部になっているようだ。

37

Exterior

西側には調理用ストーブが鎮座。排気塔は手製。このタイプは廉価な上にコストパフォーマンスが高い。物を知らないとチョイスできない器具のひとつ。「すっぽりとダッチオーブンが入ることを発見したんだよ」と、子供のような無邪気な笑顔で説明してくれた岩本さん。のり子さん、料理が上手なはず。

左・下／廃品を利用したりブランコのようにたらしたりと、見せ方に工夫が凝らされているプランター。しかし、見せるために懸命に作ったというより、面白いからやってみましたというウィットある発露に満ち満ちていてイヤミがない。常にものを考え、思い立ったら労を惜しまず行うという住み手の生き方の反映となっている。こういう姿勢をゼヒ学びたい。

38　Iwamoto House: Tokyo

アプローチを中央に、両サイドには芝生を湛えた庭が広がる。全体のレイアウトも実に自然。

庭でお茶をくつろぐご夫妻。ここに住んだ当初から一緒に暮らしている。ふたりの歴史はハウス在住の歴史。いい風といい時間がふんわり流れている。

永年住み続けていたことから、幸いにも数多くの古いパーツが残されていた岩本邸。現在は役目を終えトマソン化したパーツも、当初はキチンと意味を持って作られていたなどということを考え出すとやはり平屋は楽しくなる。

岩本さんの家に関する話を聞いていると、本当にこの人はこの家を愛して今日まで住んで来たのだなぁと強く感じる。果たしてこの東京に、ここまで自らの家に愛情を注ぎながら賃貸住宅に住んでいる人が何人いるだろうか。インテリアのどれをとっても存在理由の明確なものばかりで本当に住み手の脳内がよく反映された平屋だった。

しかし、残念なことにこのハウスの大家は次々と並びの棟を壊している。以前私が訪れたときにはまだあった3棟が潰され駐車場になっていた。「ここが取り壊されるのも時間の問題だろう」と岩本夫妻は諦めムード。最終的には大型マンションか、建売ペンシルハウス群にとって換えようとしているならば、ため息しか出るものはない。

米軍ハウスは戦後の歴史にも関わる準遺産的建造物である。それが個人財産だからという理由で、簡単に処分されてしまうのは憤懣やるかたない。後になって壊さなければよかったといわれることのないような動きを今のうちにしておきたいものだ。

開かずの扉となったお勝手口。

ここで仕事もしている様子。

樹にはCDが飾られていた？

CAR PORT

長いアプローチ

低い木製フェンスはオリジナルを残しつつ張替えられていた。

Iwamoto House: Tokyo

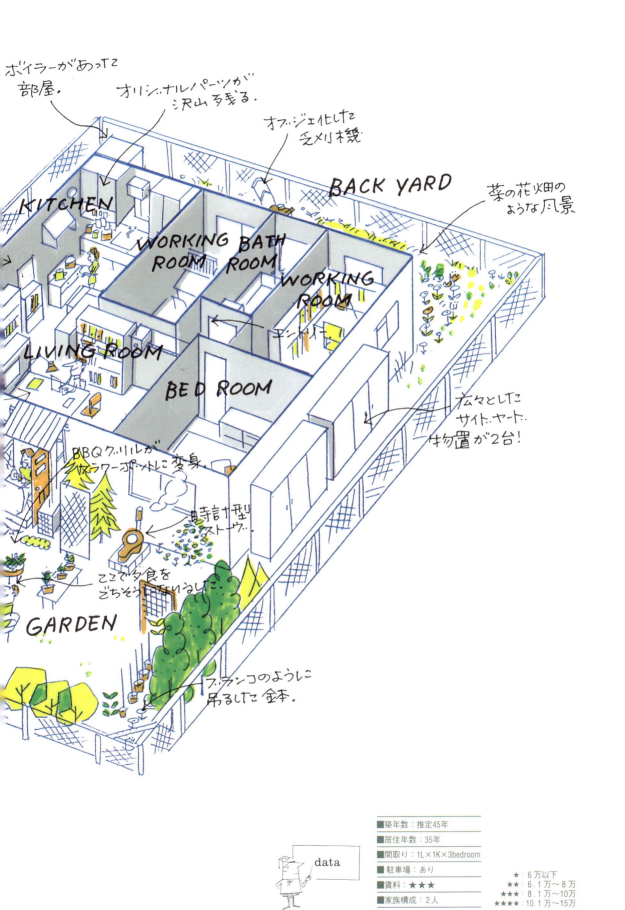

CASE.3

オーナー自らが家族と暮らす『ちいさいおうち』のような平屋

鈴木邸（東京都）

タイトルにもあるように、このFLAT HOUSEの第一印象はバージニア・リー・バートンの童話『ちいさいおうち』以外の何ものでもなかった。その中央にそびえる菁桐の樹がとてもメルヘンチック。このファサードに惹かれない歩行者がいるとしたならそれはかなり鈍感な人だろう。

通りから裏側に入ると玄関がある(左)。ドアを開けるとアラ不思議、もう1枚扉が出現(右)。実は2枚目が家のドアでオリジナル。前室=靴脱ぎ場を後付けしたというわけ。

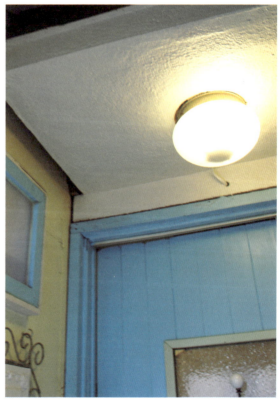

中から見るとこんな感じ。カーテンの中は収納になっている。

元々玄関の軒に付いていた外灯は靴脱ぎ場の内灯に転身。当然オリジナル。

後付けドアには窓がさらにドアになっているというギミックが。ラージサイズの宅配ピザが受け取れる大きさに設計したという。

上／内側から見た玄関ドア。窓のサイズが絶妙。
下／この丸っこい内鍵は古そうだ。その上には門鍵（かんぬき）の回転径が彫られている。仕事が細かい。こういうのをきちんと残すセンスだけでもう仲間意識が生まれる。

折りたたみ可動の板は奥さんの美千代さんがブーツで外出する際に座って履けるよう作られたフォルディングチェア。ご主人の善文さん愛情の一作。

1 棟だけぽつんと建つかわいい米軍ハウスが隣町にある、という話を聞き驚いた。自宅近隣のFLAT HOUSEはおおむね押さえていたつもりだったし、ハウスはもう知る以外はないと思い込んでいたからだ。しかもさらに驚いたことにそこは持ち家なのだという。さっそく行ってみると、なんというかわいいファサード！ まさに絵本『ちいさいおうち』。家主に会い話を聞いてみるとさらに驚きの連続。約半年の交渉を経て屋内取材に漕ぎ着けた、スーパーレアなハウスの全貌がここに。

広さは写真手前のキッチン部分を除いて10〜12畳ほど。南側には天窓付きの増築部分があり、それによって随分明るく広い印象がもたらされている。

東側にはベッドルームがふたつ。ブルーの方は普文さんの書斎でピンクの方は寝室。間違わないように(?)塗り分けてあるのか、なんともかわいらしい。

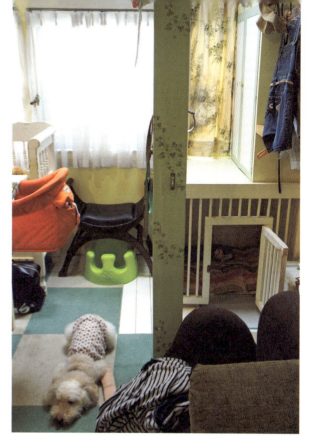

窓上のトランザム（明かり取り窓）は跳ね上げ式で開閉する。『FLAT HOUSE style 03』の小林邸も増築部分に跳ね上げ窓を作っていたが、年代も畑も違うふたりが同感覚で増築している事に面白さを感じた。

上／愛犬の家も作り付け。柱に描かれたツタのパターンがいい。本当にこの家が好きで住んでいる感じが伝わってくる。
下／ニッチが作り付けてある壁の向こう側が玄関。オリジナル部分と違和感がないようにうまく質感を合わせている。

この天窓下が増築部分。この増築を惜しまなかった鈴木さんは、たった2畳というスペースがどれだけの可能性を生むかをよく熟知している。暮らしのプロ。

玄関ドアからの眺めはまさにハウスの絵であるが、床の市松カーペットや玩具を指し「子供がいるとどうしても今のデザインの製品が増えてしまってイヤ」と美千代さん。とてもよくわかる。しかしこうして見ると色を合わせたりすることでさほど気にならなくなっており、気を遣って住んでいるのがよくわかる。ある程度はうまく取り込んでくれるのがハウスでもあるのでご安心を。

梁の部分から左が付け足した部分。屋根部分のジョイントは自作増築で最も難しい箇所。

キッチン側を臨む。ライムグリーンのドアはバスルーム。

天井はハウスお馴染みのグリッド（格子）タイプ。我々が敬遠しがちなチューリップライト付きシーリングファンも、この家のインテリアならば不思議と納得できる。

とにかく拝見するのが楽しみだったバスルームは予想を裏切らないディテイルをたくさん見せてくれた。標準的ハウスに比較すると狭い部類に入るけれど、そんなことが気にならない楽しさいっぱいのヒーリングスペースが鈴木家の浴室だ。

窓は縦長の木枠。良いコンディションで残っている。壁のキャンディストライプの塗装には苦労したという。

Bathroom

洗面まわりの仕上げがなんともガーリーで楽し気。踊りながら入って来ちゃう彼女の気持ちがわかります。

バスルームに残っているのは珍しいオリジナルのドア。タオル掛けもたぶん同年代。

左／このスペースに親子3人で入ると聞いてビックリした、と同時に微笑ましくなった。だってご主人の普文さんは180センチ超えの長身。想像するだけでかわいい図。
上／オリジナルのシャワーハンドル。もちろんトマソン（P258参照）。「C」の字が申し合わせたように逆立ちして閉まっている。

左下／バスタブはかなりコンパクトだが、深さは結構ある。後出の真鍋邸のバスタブを思い出した。しかし縁までタイルを施しているとは。当時の職人は"粋"。
下／L字形のシャワーカーテンレールが天井に直付け。このパーツがありそうでなかなか手に入らない。

52　Suzuki House: Tokyo

上／レンジが載っているタイルのテーブル以外は後付け。どこまでがオリジナルかわからないくらいエイジング処理がうまい。
右上／酒瓶が並ぶニッチは普文さんの「主張」と拝察（笑）。ここだけ見るとどこかの島のゲストハウスのラウンジのよう。

Kitchen

リビングの北側角にキッチンのコーナーがある。ハウスには独立型が多いが、稀にこのような居間接合型が見られる。来客とコミュニケーションを切らずに作業ができ、炊事場が離れて当たり前だった当時の日本人は大いに驚いたことだろう。

突き当たり部分のキャビネットとシンクの接合部分。奥にちらりと覗くピンクのタイルがかわいい。

シンクは小ぶりで浅め。ステンレスはヤレ具合から、おそらく当時のままだろう。少々タイルが欠けていても問題なし。ここにいわゆる「萌え」を感じるFLAT HOUSERは私を含め多い。

左／スパイスラックやカップホルダーの並ぶシェルフボードはパーティションを兼ねた自作。写真まで飾ってあったりして足を踏み入れると和んでくる。
上／隙があればすかさず何かに使うという精神が素晴らしい。こういう場面との遭遇が、アイデアを出す力を育む。

はしごは天袋の荷物を出し入れするため。実はこの天袋、天井が抜かれており屋根裏につながっている。

上／善文さんの書斎はスカイブルーに塗装されている。ここは好きなようにさせてもらうよ、という感じがこのカラーリングから見て取れる。
下／足りない収納スペースを壁側にも作って補完。こうするとどうしてもハウスっぽさは消えるが、実を取ると仕方なしというところか。

これもハウスお馴染みの顔、冬にリビングの暖気を他の部屋にまわすためのベンチレーター。燃料費を考えずにガンガン暖房を点けられた当時の軍人らとは事情の異なる今はトマソンと化しているが、しばしば飾り棚として第二の人生を歩んでいるのを目撃する。

上／ぽっかりと浮き島のごとく1棟だけ残った鈴木邸には、はっきりした庭はない。しかし、周囲には幅2～4メートルほどの空間が保たれており、そこを庭代わりにしている。
右／家のファサード前にある1メートル強幅の植え込みには紫陽花が誇らしげに咲いていたりして家の印象を強く作る。この前を往く近所の人たちの和みの一景になっているに違いない。

玄関脇の空間。南欧などの密集した住宅地に見られる共有庭を連想する。

玄関前の広いスペースにはステージを作ってテーブルセットを配置。飾りではなくしばしば使われている様子。

Garden

この光景が以前は連続していたなんて信じられない。

通りから見た側面。これだけ気前良く家の横っ腹を撮影できるのも、塀の類いを作らない都下の古い平屋であるが故。赤い屋根瓦はリノベートした際に再塗装したという。右のドアはキッチンのお勝手口、左端のドアは寝室のドア。この大きさでこんなに扉があるハウスも珍しい。

窓ひとつひとつに観音開きの鎧戸を後付けしてある。ここまで徹底して取り付けてあるFLAT HOUSEは初めて。イルミネーションのコードと一緒にバラが絡み付く。

一番スパンが狭い東側にはストッカー（物入れ）やバイシクルポートがある。どちらも後付けセルフビルドだ。

10メートルほど離れたところにもうひとつカーポートがある。ここも母屋とトーンを合わせた普文さんの力作。

オリジナルパーツが
たくさん残る台所。

KITCHEN

エアコンの
室外機
隠しのゲート

凝ってる！

あと付けの
鎧戸はほぼ
全ての窓に付いている。

　実はこの平屋は美千代さんのおじいさんが建てた米軍ハウスで、往時は数棟の集落になっていたそう。そして子供の頃習っていたピアノの先生が教室を兼ねて暮らしていた最後の1棟なのだという。数年前にその先生が退去したとき「家族で住みたいから残して」と両親に依願、ご主人が自ら改装して入居が叶い今日に至るという歴史。

　この話を聞いたとき、なんともうらやましかった。自分の祖父が建てた物件が平屋でしかも米軍ハウス、そしてその最後の1棟に家族と住めるという幸せ。FLAT HOUSERからしてみればこれほど天衣無縫なエピソードはない。

　しかし、もしここが地価の馬鹿高い東京23区内であったならこうもいかなかっただろう。そういうことを考えると、「立地の運」というものが都下FLAT HOUSEの存続にも少なからず関わっていることは元より、「所有者のセンスの有無」という運もまたその家の命運を大きく左右するファクターと言える。

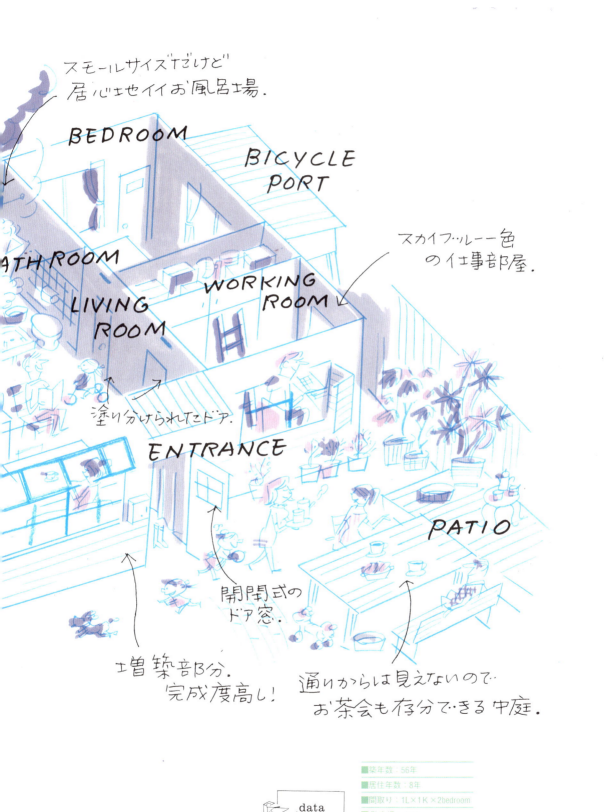

FLAT HOUSE LIFE

パーツ・ミュージアム

アブストラクト・アート編

朽ちた壁、剥がれたペイント、天井のクラック、床の傷み……それら建具の無計算な老朽変化が見せるさまざまな表情は、さながら「抽象芸術＝アブストラクト・アート」のよう。FLAT HOUSEは丸ごとアートミュージアムなのだ。

二等辺三角形に出た小釘。それを裂くようにまっすぐ走る溝、剥がれたペイント、そして電源。この「偶然の景色」をかのマルセル・デュシャンが見たならば「芸術だ」と呟くだろう。画鋲ひとつ打てないマンションではあり得ない平屋ならではのハプニング・アート（小林邸）

バスルームの天井と壁を稲妻が切り裂く。キャンバスにナイフで描いたかのようだ（塩原邸）

リビング天井に出現したデ・ステイルのパターンはモンドリアンかはたまたフィルモス・フサールの作品か。なんでまたこんな凸凹を作ったのだろうか、考えるだけで楽しい（渡辺邸）

永年使用によるペイントロスが床に面白い景色を浮かばせている（仲村邸）

アブストラクト・アート編／トマソン編

トマソン編

トマソンとは「不動産に付着して（あたかも芸術のように）美しく保存された無用の長物」を、かの赤瀬川原平氏が大金で雇った空振り続きの助っ人ガイジンバッターから命名した定義。要するに「これって何で付いてるの??」というものを指す。FLAT HOUSEにも不可解なトマソン的パーツがしばしば見られる。

キッチンの天井にある孔。通気用のようだがただの穴にも見える（水田邸）

シャワーは不通、カランは使用不可。しかしこれを残しているハウスは多い（河田邸）

バスルームの壁の角に随分とガッチリ付けられているL字型ステイ。何に使ったのか推理すらできない（森田邸）

肝心のスイッチがないスイッチパネル。周囲を見回しても足りない電気はなかった（大西邸）

バックヤード横にぽっかり空いた不思議な空間。おそらくボイラー室跡と見られる（岩本邸）

FLAT HOUSE COLUMN

FLAT HOUSE LIFE

パーツ・ミュージアム

照明編

FLAT HOUSEに残る作り付けの照明もまた、レトロ・モダンなデザインのものが多い。時代を知る貴重な証言者だ。

球型。推定50〜60年代前期（河田邸）

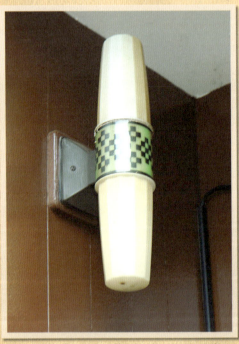
シェイカー型。帯のパターンが実にミッドセンチュリーモダン。推定60年代（H氏邸）

ダイヤ型。推定70年代以降（洪邸）

立方体型。推定70年代後期（岩本邸）

照明編

古いハウスによく見られるUFO型。推定50年代（眞鍋邸）

円筒形。これを横使いにしているのをハウスで見かける。推定50〜60年代前期（平川邸）

錠剤型はスタンダードなタイプ。推定50〜60年代（河田邸）

番外編としてメゾネット物件から。金属的なスペースエイジデザインなスポットライト。推定70年代（和辻邸）

FLAT HOUSE COLUMN

子供たちの遊び場がたっぷり
小さな森のある平屋

仲村邸（東京都）

こ こは10年ほど前から知っていたが、一度入るとなかなか動きのないハウス物件にしてはめずらしく、ちょくちょく住人の入れ替わりがあったため、リノベーションがひどくオリジナルパーツの残存が少ないに違いないとあまり興味を寄せていなかった。

しかし中に入ってみてビックリ、オリジナルパーツが結構残っているではないか。しかもガーデニング業を生業とする仲村さんのセンスが大きな庭にたっぷり活かされており、2人の愛娘の絶好の遊び場になっている。

こんな森の中にあるような平屋が、都心から30分ほどのところにあるのです。

南向きで日あたりも最高。中央部分はドアになっており、暖かい季節には庭を通ってここを玄関代わりにもしている。

北側を臨む。左はキッチン、右はバスルームへと続く。

「古い平屋に壁紙は似合わない」と入居前にそのほとんどを剥がし、ペンキで再塗装した。

Living room

バスルーム手前に半間のクローゼットがある。戸にもポケットやフックが付いていて収納力抜群。洗剤や掃除用具、クスリや毛糸まで生活雑貨全般が収まっている。

他の部屋へはリビングからダイレクトにつながる。こういった合理的構造は今では一般的だが、米軍住宅が日本に持ち込み、現在の住宅に反映されたといわれる。

玄関脇のキッチンスペース。食器棚の一部だけ色が茶色なのはレンジフードを取り外した跡。作り付け食器棚の引き戸が素通しガラスのというのもめずらしい。

 Garden

デッキ部分の下にはラグが敷いてあって、ままごとの常設ステージになっている。

庭に植栽し、子供が土をいじり、仕事道具一切合財が収納できてトラックもマイカーも入る大きなガレージが付いているSOHO……。職種、ライフスタイル、家族構成にぴったり合致した、まさに仲村家のためにあったような平屋である。

ここに住む前は隣町の小さな平屋に住んでいた仲村さん一家だが、仕事規模が大きくなったり子供が生まれたりしたことで手狭になったため、適当な物件がないか常にキョロキョロしていたらしい。

ある日の仕事帰り、いつもと違う道を運転していて偶然見つけたハウスらしき平屋。すぐに大家を調べ、訪ねてみると運良く空いたばかり。常に強く望んでいれば、それこそこのような物件にばったり出会うことができるのだ。

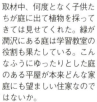

取材中、何度となく子供たちが庭に出て植物を採ってきては見せてくれた。緑が潤沢にある庭は学習教室の役割も果たしている。こんなふうにゆったりとした庭のある平屋が本来どんな家庭にも望ましい住家なのではないか。

職業柄、植栽が多い仲村邸の庭は小さな森の様相。遊び盛りの娘がふたりいる仲村さんにとって、10坪近い庭は安心して子供を遊ばせられる私設公園。

軽自動車なら2台は入ってしまいそうなガレージ。当時すでにモータリゼーションを迎えて久しいアメリカ。米軍人向け住宅には大型車が入るガレージは不可欠だった。

キッチンのお勝手口がメインの入口。ガレージからそのまま入れとても便利だ。

ブロック塀を一部壊してゲートを自作。このくらいの仕事は朝飯前の仲村さん。

その昔住んでいたアメリカ人が改修工事の際に書いた落書き。ここは不思議と独身米国男性に住み継がれた平屋で、毎晩呑めや歌えやの大パーティだったらしい。

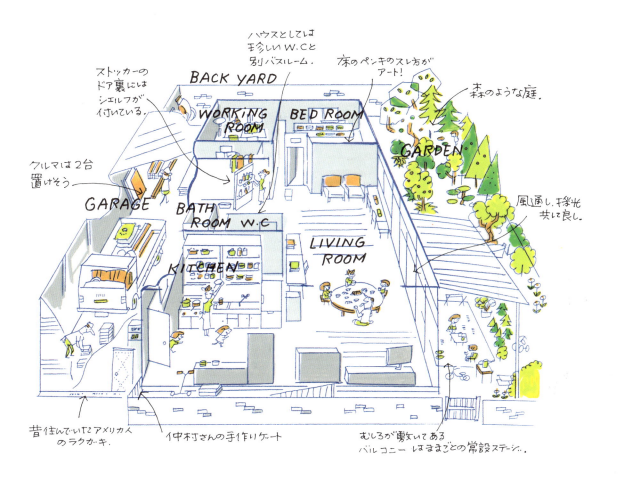

CASE.5

葡萄棚と広い空のある芝庭
家族5人で暮らす
工夫いっぱいの平屋

Lee邸（東京都）

蝉時雨と風鈴、麦茶の氷が触れ合う音と扇風機のまわる音。日本の夏の音声が聴こえてきそうなこの外観は、家族三代が暮らす都下の、サマーハウス。

典型的な文化住宅であるLee邸のアプローチは、ひとまたぎほどと短い。

ドア上とサイドには肩くらいまでのトランザムがある。ドア上のものは他の文化住宅に比べ広い感じが。靴箱と上に置かれた彫刻作品が不思議とシンクロしている。右手のドアはトイレ。

Entrance

常夜灯はシェイカー形。中央のジョイント部分の構造が面白く、初めて見るデザインにしばし釘付け。

南側にも同じエンボスガラスのフィックス（はめ殺し）窓があり、暗くなる廊下部分に光を入れている。エキセントリックな木像はサトコさんの美大時代の作品。

キッチンまでのアプローチ。ここを経て奥へ。わくわくするヴィジュアルではありませんか。

高度成長期から某大手メーカーが陣取る都下の企業城下町に、Leeサトコさんの平屋はある。「アラタさん好みの友人宅がある」と知人から報告を受け、行ってみるとその言葉に違いはなかった。よく手入れされた芝生庭に気前良く開け放たれた掃き出し窓とふたつの縁側。驚くべきはその周囲の遮蔽物のなさだ。ぐるり見回しても間近に視界を遮るものがなく、「ここが東京？」と疑うほど360°空。車庫の代わりに葡萄棚、よしずの代わりにゴーヤ垣。そんな遠い田舎に来たようなジブリチックなFLAT HOUSEに、私の「夏休みゴコロ」は大いに躍った。

左／南東の部屋から見たところ。流行のカウンター式やアイランド型でなくても背中でコミュニケーションが取れる。
右／シンクまわりは少し外側に出張ったような作りで、出窓になっている。

左／玄関方面を見たところ。帰宅すると誰しもがここを経由することになる。
上／新築ではよく議論されるキッチンの「生活動線」やら「使いやすい・にくい」も、古い平屋にそんな余地などない。「あるものを使う」のみ。たくましさと「用の美」を感じる。

上／お勝手口脇の手作りシェルフ。一般的な米軍ハウス住人と飾るインテリアのセンスが違っていてまたいい。
下／最近の家には作られなくなってしまったお勝手口。開け放っておくと「風の道路」と化す。

祖父母、夫婦、子供の5人で暮らすLee邸は、その部屋数からキッチンもリビング的な役割をしている。ユニット部分を除いて4畳半ほどのスペース。

左／書斎方面を見たところ。こちらからも風が通る。
右／お勝手口から南東を臨む。覗く庭の緑のまぶしさがこちらまで入ってくる。

ユニットは琺瑯(ほうろう)製だがこのブランドは初見。

むき出し状態のブレーカのスイッチケースの黄色が実にパキッとしている。昔のものにはしばしばこういうドキッとするような配色のものがあり、驚かされる。

たくさんのセルフクラフトの棚が設えられているLee邸の中でもキッチンには特に多い。東側のこの棚のために、冷蔵庫を買い替える際は背の低いものを選んでいるそう。後出のantos小林邸を思い出す。

Kids room

右/ふすまのため区切りは曖昧。この非個室が核家族化していないLee一家に良い効果を与えているように思う。
下/ひとり息子正敏くんの部屋は北東で日当りの良くない部屋だが、日中は常にふすまを開け放っているのであまり問題はない。ゴーヤの葉の光とのコントラストに気持ちが落ち着く。

82　Lee House: Tokyo

左／西南にある書斎は庭に面した採光量のかなり高い部屋。撮影のためではなく夏期はこのように開け放して過ごしているというのだが、網戸はナシ。植栽の手入れを細かにすることで庭の風通しも良くなり、蚊をすみにくくしている。そのため防虫線香を焚いておけば虫はほとんど入ってこないという。にしてもこの光景、昭和の文豪宅のようです。
上／半間のふすまドアの収納。補修痕が使い古された良い感じ＝パティナに映るのは私だけか。ポスターの男性はシンガポーリアン・アーティストであるサトコさんのご主人のウェンさん。

押し入れのふすまを外し作業デスクにコンバート。文化住宅にときどき見かける風景だが、引っ掛けられている電動工具類は珍しいかも。

東側壁。パソコンデスクは某国立大学で捨てられそうになっていたものをサルベージしてきた年代物。右側の床の間のようなニッチにこれまた古い桐たんすがすとんと収まっている。お金をかけずしかもカッコイイ暮らし方をしているのを見ると、住み手のインテリジェンスを強く感じる。

南東庭に面したこの部屋は、ご両親の居室と家族の居間、ご両親が外出している際は客間と3つの役割を兼ねている。ここも気の流れがいい。

Other room

西側壁の窓側にも奥行きの浅い床の間のようなへこみがあり、書斎同様、古い桐のたんすがはまっている。ふすまは柄のないすっきりしたものだが、特に取り替えたわけではなく元々入っていたものを使っているという。

東側の格子窓の外にはゴーヤのグリーンカーテンが伝っている。その向こうは生産緑地に隣接する農道が通うため目隠しにもなっているようだ。

上／居間からの風景。豊かな植栽の間を吹く風は真夏の昼下がりとは思えない抜け加減。
左／キッチン側から臨む。風はお勝手口に向かって斜めに抜けるのだろうが、夕飯時はいい匂いが届きそう。

左／やはり文化住宅のバスルームは大方が狭小。しかしその分、開口は広いものが多く、清潔さえ保っておけばカビの発生はほとんどないことも特徴。Lee邸の場合、洗濯機を外出させてやる方法を考えれば格段に良くなる予感がする。
上／取材中、ふとこういう住み手の気遣いや楽しんでいる風景に遭遇すると微笑んでシャッターを切ってしまうのだ。

Bathroom

天井隅に見えるスリットは何ぞ？と思ったら「換気口」だった。冬期になると寒風が吹き込むためフタを自作。さすが。

こちらペーパーホルダーがオリジナル。それよりも隣の小さな棚に注目。右隅には文庫本や携帯電話なんかを置くためか、あらかじめ左にどいている花瓶がジツに殊勝ながらレイアウトのバランスがいい。

『Nitto』は初見のブランド。筆記体のロゴに、我々はトイレではなく磁器を作っているのです、と言っているような気高さを感じる。

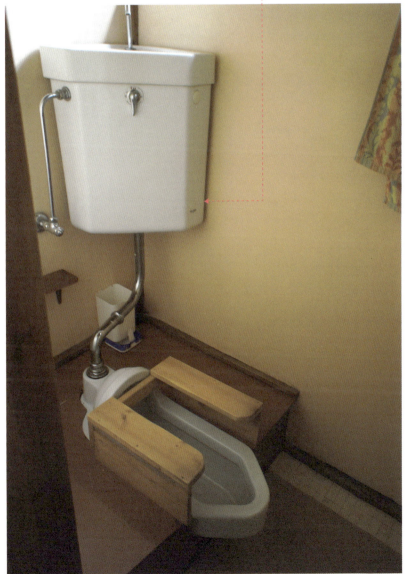

左／玄関北側にあるトイレを覗いてビックリ、この便器に載った不思議な木工品は和式から洋式にする手作り便座なのだと。こちら向きに座ると洋式トイレになるという具合。彫刻家であるサトコさんのお兄さんがご両親のために発案製作したという。このようにLee邸にあるものはほとんどがアイデアに満ちた手作りで、完成度も高い。いや鳥肌が立ちました。
上／洋式にしたことでかつての背面側に必要となったペーパーホルダー。やはり手作り、買ってきたものをポンと付けたわけではない。

向かいの家の後ろまでそっくり見える。門や塀がないということは周囲の風景や風が潤沢に入ってくるということ。それぞれの家が囲いの類いをやめれば、こういう光景の中で皆が暮らすことができる。

植栽の中に小さなビオトープ。庭が広ければ作りたいもののひとつ。

Lee邸もまた、家屋と同じくらいの広さの庭を有する平屋だ。よく刈り込まれた青い芝に抜けるような青い空で家屋に対峙している。この気持ちの良い空間があるかなしかで、暮らしの中での心の持ちようが随分変わってくるに違いない。

カーポートの上の葡萄棚は夏にだけ出現する屋根なのだそうだ。

この後、取材のためにもぐのを待ってくれていた一房をごちそうになった。市販並みの甘さに驚き。

東裏側には小径が。ここを通ってお勝手口へまわることができる。

標準的文化住宅の外観だが、やはり周囲に遮蔽物が少ないというロケーションはバリューである。板塀がなければなお良しなのだが。

北側からの外観。植栽が豊かなため通りからでも目立つ。手前は駐車場だが、以前はここにも平屋が建っていた。

東側から。子供部屋窓のゴーヤ垣が溢れんばかり。背後には生産緑地と農道が通る。軽トラの後ろ姿にこの辺りの昔日の風景がうかがえる。

 Past time

昨年東側に住宅が建つまでの光景は、本当に東京とは思えないものだった。それが代替わりだったのか一気に建て売りが建ってしまい幻滅、本気で転居を考えたという。

これまでFLAT HOUSEの頂点はやはり米軍ハウスだと思って疑わなかったが、Lee邸の取材後、考えが変わった。どんなに素敵なハウスに住んでいても住み手がサボれば単なる汚いしもた屋と化すが、逆に小ぶりな文化住宅でも住み手が細かに愛情を注げば唯一無二の宝物のような住処(すみか)となる。

そしてもうひとつ大事なのは周囲の「環境」。周囲を2階家の建て売り住宅や集合住宅に包囲されていないという立地は、平屋生活においてかなり重要なファクターだと再認識。やはり家をあらゆる角度から愛でられなくては。そんなことをそこはかとなく教えてくれた刺激的な物件だった。

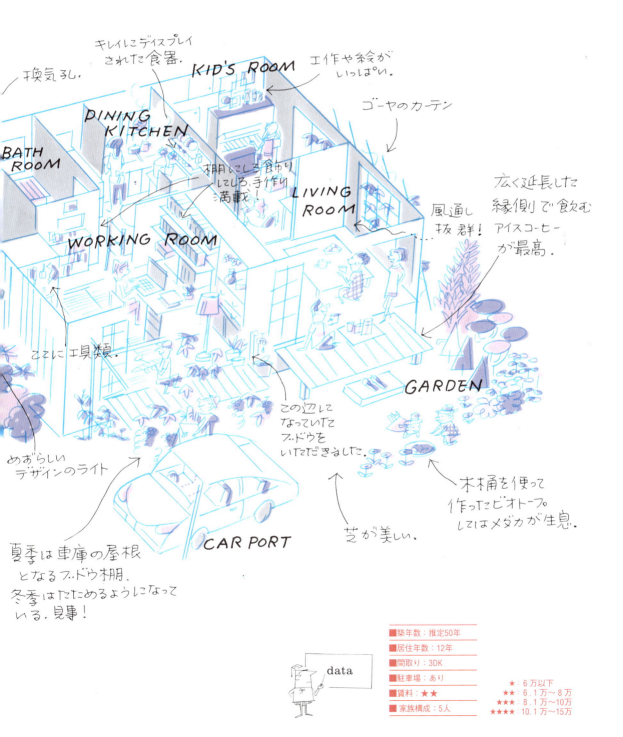

CASE.6

犬にサボテンにバーカウンター…
これぞ正しき
米軍ハウスの暮らし、の平屋

森田邸（東京都）

面白いフォルムのペイントロス。
ビーチクルーザーを立てかける
とポストカードのよう。

玄関ドアの上には右に見えるバルコニーに連続したひさしが付いている。

玄関南側には大きなスチール物置があり、中にはバイクや自転車、芝刈り機などがごっそり納まっている。

物置の中にG.E製の小型エアコンが付いていた。幅約60センチ。こんな小さいの、初めて見た！

専用庭こそないものの、隣家との間仕切りはなく何となくこの辺りがわが庭といった感じ。玄関前までコンクリのアプローチが誘う。

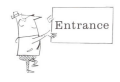

Entrance

き れいに刈り込まれた芝生、アプローチ越しにのぞくビーチクルーザーとスチール製のオールドスクールチェア…。これは「ハウスをハウスとして」住んでいる方に違いないと、思い切って玄関をノックしてみると出てきた女性がスンナリ中へ入れてくださった。

先ず目に飛び込んできたのはブライアン・ジョーンズのポスター。そして壁にかけられた数本のベースギター。皮製ソファセットにシーリングファン。これはまた今までにいないタイプの平屋住人との出会い！と心が躍った。

木製のバーカウンター越しに気さくに話してくれた森田夫妻は、生活の半分以上をRockに捧げているように映ったが、それを散らかすことなく住空間にうまく反映させていた。カワイイ大型犬も尻尾を振ってお出迎え。これはある意味「正しき米軍ハウスライフ」の実践例ですね。

Living room

寝室入口に設えてある台形の棚も作り付け。ニッチ※とセットで作られたようだ。
※壁を彫り込み作った飾り棚。

玄関横サッシのガラスに『Retired Navy』のステッカーが。退役軍人が住んでいたこともあるようだ。

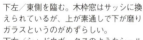

下左／東側を臨む。木枠窓はサッシに換えられているが、上が素通しで下が磨りガラスというのがめずらしい。
下右／シャドウボックスのようなシェルフは作り付けのニッチ。ドア枠と色が揃えられている。

10畳ほどのリビングの壁に陳列された新旧R&Rオーナメントの数々。アメリカ生まれ日本育ちのハウスは、こういう装飾もまた活かされる素地がある。

正面上部とシンク下のキャビネットは前住人の置き土産。こんなふうにウォン・アウトな物が使い継がれていくところがまた平屋のよいところだ。

リビングと接するキッチン。オーブン一体型の4ッ口ガスコンロはMade in USA。別のハウスで使っていたものを譲り受けたそうだがやはりしっくりくる。

下左／オーダー製作したウッドカウンター。ここでお茶を飲んでいるとまるでバーボンをご馳走になっているような気分になる。
下右／シンクは正方形2分割で深め、左右の深度が違う。このタイプは初期のハウスに見られる木とのハイブリッド。

上左／北側にある小さな窓はオリジナルの木製。これがあるだけで充分な採光量、暗さはない。
上右／洗面シンクは60年代後期のハウスに見られるタイプ。鏡のみでキャビネットや化粧台はない。
下／随分と昔の電源。米国製なのだろうが、これに差し込むプラグの形状がめずらしい。
左／市松タイルがキレイに残るバスルームはバスタブ以外の大きな改修は見られない。

Bathroom

前住人がリノベーションしたゲストルームには、畳がはめられ和室仕様になっている。これはこれで使い勝手が良いと森田夫妻はそのまま使っている。収納の上部はなぜか天袋がない面白い作り。

左上・上／6畳ほどのワーキングルームとベッドルーム。窓はサッシに、床は新建材に刷新されてしまっているが、天井とクローゼットはオリジナルが残っている。

Other room

　こんな森田さんのような暮らしに憧れる人は多いだろう。「でもウチは会社勤めだからこんな暮らし方は難しい」という人も多いだろうが、森田夫妻も勤め人。ちょっとした勇気と心意気ひとつであなたもこんなふうに生活を素晴らしいものへと変えることができるのだ。

　森田さんにとって音楽活動が仕事と並行するもうひとつの人生で、この平屋はその両面を司るかすがいのような役目をしているのかもしれない。

　仕事の話とコレクションのビンテージギターや、西海岸に好きなミュージシャンを観に行ったときの話を同レベルで話してくれる森田さんのバランス感覚を見ているとそんなふうに思えてならなかった。

隣家も同じ家主の平屋だが、やはり柵の類はない。お互いのエリアを曖昧にし、困ったときはお互い様という古式ゆかしいスタイル。ブロック塀で仕切り合うよりレベルの高い近所関係だと思う。

 Back yard

塩ビ波板の屋根があるバルコニーは洗濯物を干すのに最適。ここでBBQをやることもある。隣は大家所有の農地。風の抜け、借景ともによし。

上／蘇鉄の樹の幼樹だろうか。その昔モダン住宅の象徴だったのに最近はばっさり切ってしまう大家が多い。自分で植えたのだろうに、時代が変わると人の志向も変わるものだ。
右／バックヤードへはキッチンのお勝手から出られるのだが大きなサボテンに遭遇。屋根に届いてしまう勢いだ。初夏の時期ほんの一瞬黄色い花を咲かせるという。

 data

■築年数：45年
■居住年数：7年
■間取り：1L×1K×3bedroom
■駐車場：あり
■賃料：★★
■家族構成：2人＋犬

★　：6万以下
★★　：6.1万〜8万
★★★　：8.1万〜10万
★★★★：10.1万〜15万

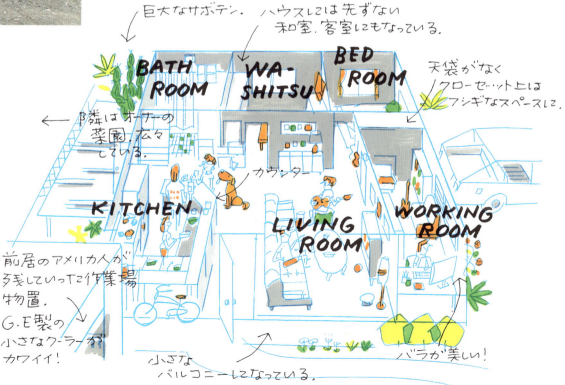

巨大なサボテン。 ハウスには先ずない和室。客室にもなっている。

BATH ROOM　WA-SHITSU　BED ROOM

天袋がなくクローゼット上はフシギなスペースに。

← 隣はオーナーの菜園。広々している。

カウンター

KITCHEN　LIVING ROOM　WORKING ROOM

前居のアメリカ人が残していった作業場物置。
G.E製の小さなクーラーがカワイイ！

小さなバルコニーになっている。

バラが美しい！

FLAT HOUSE LIFE
パーツ・ミュージアム

スイッチ・コンセント編

スイッチパネル、コンセントパネルはFLAT HOUSEのインテリアとして最も重要なパーツのひとつ。今のものよりもインダストリアルな雰囲気のある物が多く、これが現行品だと一気に興醒めする。

スイッチ

ナショナル製のシェアが圧倒的に多いスイッチ。パネル部分は金属。昔は国産スイッチパネルにも威厳があった（高垣邸）

眞鍋邸と同じだがストライプ入り。前住人がピンクに塗った（水田邸）

パネル共に樹脂製だがレトロ感がプンプン。ナショナル製（眞鍋邸）

日本製だがナショナルではない。なかなか見ないタイプだ（永澤邸）

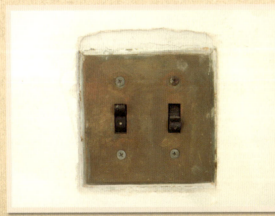

並列型。3列もごくたまに見かける（仲村邸）

自分で交換したアメリカ製スイッチ。オン・オフの音がいい（アラタ邸）

スイッチ・コンセント編

コンセント

古いアメリカ製。おそらく高電圧機器用（仲村邸）

これはキャップというより簡単なフタだ（高垣邸）

防水キャップが付いたタイプ（永澤邸）

めずらしい3段（H氏邸）

横向きになっているがこれは取り付けミス？（河田邸）

FLAT HOUSE COLUMN

FLAT HOUSE LIFE

パーツ・ミュージアム

タイル編

現在のような、数枚が1枚のパネルになっていてそれをペタンと貼って完了する「シート工法」がまだなかった頃、職人がひとつひとつ貼っていく「積み上げ貼り」で仕上げられていた。FLAT HOUSEのバスルームはほぼこの工法によるもので、それゆえ芸術性の高いパターンが楽しめる。今ではこの頃のタイルがビンテージとして高値で取引されることもある。

岩本邸

森田邸

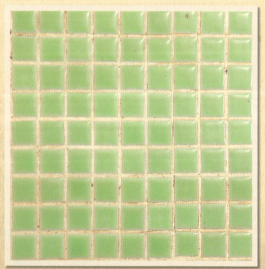

永澤邸

タイル編

アラタ邸

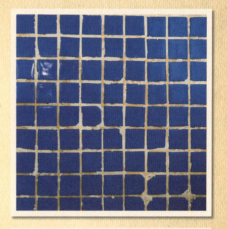

塩原邸

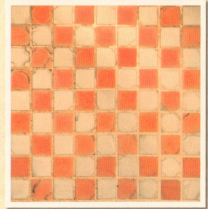
高垣邸

渡辺邸

FLAT HOUSE COLUMN

CASE.7

ワンルームマンション並み賃料の広い裏庭がある平屋

平川邸（東京都）

文化住宅は居間+客間があればどちらかに布団を敷いて寝る、という昔の日本人のライフスタイルに基づいて設計されているので、台所+2部屋だけという構えが多い。平川邸の場合は、6畳の寝室と4畳半の居間をぶち抜きにして暮らしている。

畳の上に床材のリノリウムが張られている。その下に板を敷いて強度を出しているが、本来は畳を取り外し断熱材+コンパネを敷いてからリノリウム処理するのがベター。

北側にはデスクを。鴨居、柱の色と合っていて違和感がない。文化住宅は北欧家具やイームズなどをすんなり受け入れる素地がある。

　もし、賃料6万円で東京都内に暮らそうとすれば、隣家がギリギリに建つ音筒抜けコーポか狭小ワンルームマンション辺りで妥協せざるを得ない、と考える人もいるだろう。それも正解ではあるが、しかし絶対ではない。都心から都下に少し視線をずらせばよいのだ。

　平川邸はそのお手本のひとつ。都心一極集中から「イチ抜けた」を宣言しても、新宿まで出るのに1時間かからないロケーションで庭付き平屋に住めるのだ。

　基地の町にありながら米軍ハウスではないが、往時は基地内で働く従業者のためにこのような文化住宅=和平屋もたくさん作られたようだ。光熱効率も高く、単身者が住むならば充分な広さといえる。

Living room

自宅と同市内にあるビンテージ・インテリアショップで働いている平川さん。自分の働くショップに並ぶ商品がしっくり合うのは、マンションや新築戸建ではなく古い平屋だということを日ごろからよく理解していたのだろう。リビングの天井や鴨居を見るといかにも和室だが、和家具以外の北欧系や軍放出家具などを、色や材質を揃えて上手に配している。

勝手口には不思議な広さの土間が。これはおそらくマッチでガス器具に直に着火し、風呂を沸かしていた時代の名残だろう。平川さんは洗濯機置き場として上手に活用。

鴨居にしがみつくオブジェはおそらくアンテナの分波器だろう。フォルムが唐突だがどこかユーモラス。

南側バルコニーを臨む。隣家壁のリフレクションが部屋に入ってインテリアの影絵をつくる。ポール・マッコブのラダーバックチェアのシルエットが美しい。

居間と続いているため正確には寝室ではないが西側の部屋の奥、部屋の上座にベッドを置いている。居間との境界にはソファセットを配している。

左下に見える金属製の柵の低さが平屋生活の大らかさを表している。そのおかげで風通しもよい。ハウスを意識したかのようなカラーリングがいかにも基地の街の平屋だ。

玄関のコンクリ部分は土足文化である洋建築にある『FOOT SCRAPER』という靴の汚れを落とすエリア。

バルコニーを抜けると10坪近くはありそうな広い裏庭が広がる。こんな気前のよい酔狂な作りをするのが都下平屋の醍醐味だ。

108　Hirakawa House: Tokyo

常夜灯は円筒形の乳白ガラスは昭和モダン調。同じものを横使いにした常夜灯を米軍ハウスで見た。

上／磨りガラスに笹の葉のエンボス。古い茶筒などのガラスにもよく見られるこのパターンに、戦前の人たちのセンスを感じる。
右／1台分のカーポートの奥には、屋根付きの木製バルコニーがある。白ペンキで仕上げてあり、淡いサックスブルーと白い漆喰壁のツートーンのサイディングと合わせ、とてもアメリカンチックな外観になっている。

Exterior

data

- 築年数：推定40年
- 居住年数：1年
- 間取り：2K
- 駐車場：あり
- 賃料：★★
- 家族構成：1人

★　　6万以下
★★　6.1万〜8万
★★★　8.1万〜10万
★★★★　10.1万〜15万

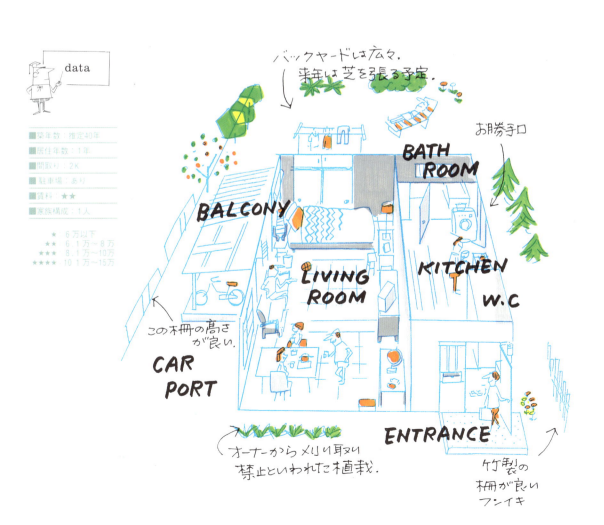

バックヤードは広々。来年は芝を張る予定。

BALCONY
BATH ROOM
お勝手口
LIVING ROOM
KITCHEN
W.C
CAR PORT
この柵の高さが良い。
ENTRANCE
オーナーから刈り取り禁止といわれた植栽。
竹製の柵が良いフンイキ

CASE.8

生活スタイルと家族構成にぴったり適合した
クリエーターの母と息子の暮らしを
しっかり支える平屋

五十嵐邸（東京都）

都下の米軍ハウス集落にある五十嵐邸のドアはいつもオープンに。ひとり息子の弦くんの友人たちが代わる代わる遊びにやって来るからだ。

家をなぞるように敷かれた細長の敷石。これがアプローチになるのかな??

家 主の五十嵐さんは十数年パリでデザイナーとして暮らした後、自分のアパレルブランドを立ち上げるべく帰国。その際、地元である福生に米軍ハウスがたくさんあったことを思い出し、アトリエに適しているのではないかと借りたのがこの平屋生活の始まりだったそう。その外観が素敵だったためドアをノックしたのだが、聞けばアトリエ以外にもう1棟ハウスを借り、ひとり息子と暮らしているのだという。1棟だけでも垂涎モノなのに2棟をも股にかけて暮らしているなんて！ そんな贅沢なFLAT HOUSERの住まいは、多忙を極めるシングルマザーとは思えないほど手抜かりのない、なんとも素敵な米軍ハウスだった。

土足生活西洋スタイルのハウス、靴は外で脱ぐ。敷石と芝の市松模様に何やら「いい平屋」の予感。

上がるとダイニングリビングです。

米軍ハウスの場合、小さな腰窓だけの物件が多く全体的に室内は暗めなのだが、ここのリビングはキッチンとの間仕切りが外されているため、3面採光となってかなり明るい。

上／腰窓下にガツンと設えた組み立て家具のシェルフには、どっかと本や鉢植えが並ぶ。こういう荒技がマンションなどではさせてもらえない。
右／ちょっとした幅のスペースも遠慮なくボルトを打って活かすことができるのが嬉しい。

114　Igarashi House: Tokyo

上／中央ドア奥に寝室・子供部屋がある。
左／入居前は中途半端なブラウンだった床板が気に入らず、一気にこの紺色に塗り替えたという。なかなか勇気のいる選択だったのではとも思ったが、いる間にだんだんこの色に納得。なるほど、素人では選べないカラーリングである。

広さは10畳強ほど。このくらいのサイズが実は使いやすい。窓とドアの間に付いているのは、米軍基地の町では国が無料で取り付ける空気清浄機『ロスナイ』。

6畳ほどのキッチンもまた適度な広さで使いやすそう。正面に壁、左手トランザムの下に引き戸があった様子。前住人の思い切った行動のおかげで、家全体の印象が俄然明るくなった。

水まわりはリニューアル済み。ユニットのデザインがいかにも新しくしました的でないところに好感が持てる。オーナーにはこういう備品のチョイスにも十分気を配ってもらいたい。

上／正面はお勝手口。あると絶対便利なものだが、替えられたドアが事務所のアルミサッシみたいなところが残念。木製のものに替えたらかなり良くなるだろう。エアコンは1980年代製に見える。
右／バスルームから見たキッチン。オリジナルのシーリングライトのコンディションがとても良い。レンジフードの位置と高さが少しとんちんかんだが、ハウスにはしばしばあること。こうして見ると先述の塗り替えられた床の色の良さがわかる。

バスルーム側。洋家具の中に突然の和家具。しかし違和感なく部屋によく溶け込んでいる。

バスルームのキャパはハウスの標準的サイズといえる4〜5畳ほど。風呂は追い焚き式に刷新されている。すのこを敷いて高さを出してあり、使い勝手を上げる努力がそこかしこに見られる。

てっぺんのL字金具がオリジナルのシャワーヘッド。ミラーの位置が随分高い。

向こう側の白い方がオリジナルのカーテンバー。バスタブの向きが変わったため手前に1本追加した。

住人によるリペイントがキッチリされていて清潔度が高い。皮が剥けたような状態で住まわれているハウスをしばしば見かけるが、あれを見ると家がかわいそうになる。特に水まわりはこのくらい手を入れるクセをつけると家の寿命が上がり、長く住むことができる。

入り口からは見えないようトイレの便器は入ってすぐ左側のへこみに。

洗濯機が洗面シンクと壁の間にスッポリ収まっているところが気持ちいい。

水洗は旧型の落差式。オリジナルのチェーンが劣化し切れてしまったので自作したそうだが、よくできている。遊びにくる子供たちがぶら下がろうとすることが目下悩みのタネなんだとか。

洗面シンクのメーカーは初見ブランドの『Nishiura』。見たことのないロゴに出会うと嬉しくなる。

 Entry

リビングから他の部屋へはこのドアを開け……

半畳ほどのエントリーを経由して行く。右が寝室、左が子供部屋。リビングの他に2部屋という五十嵐家の家族構成に実にマッチしたサイズ。

東側の窓を向いて。カーテンレールガードを自作するなんて、さすが2棟のハウスを借りまたぐ上級者。

天井はグリッド、ペイントされたベニヤ壁、球型ランプという横田基地界隈ハウスの典型。このセットがすべて揃う物件はもう少なくなった。

五十嵐さんの寝室は6畳。フロア、木製サッシ、ペイントウォール、シーリングライト、クローゼット、すべてがオリジナルのパーフェクトルーム。

西側の壁には控えめのインテリア。窓の桟に板を付け足して出窓のようにしている。

ここもしっかりとリペイントした形跡。ベニヤ壁の上にピシッと塗られたペンキを見るのは気持ちがいい。

すべての部屋が角部屋になっているので、各部屋2面以上の採光がある。

Kids room

北東側にある子供部屋は典型的ハウスの小ぶり腰窓だが、かなり明るいイメージ。こんな部屋で幼少時代を過ごせるなんてシアワセ。

上／窓外から覗く新緑の反射も部屋の明るさにひと役買っている。ぴたぴたに隣接し合う都心の家から見たら、かなり贅沢な借景。
左／0.7間くらいの中途半端なサイズのクローゼットもハウスではおなじみ。戸板がゆがんでいるのか、はたまた家自身が傾いているのか、扉がきっちり閉まらない。リペアがきくならば直すに越したことはないが、もうどうしようもない部分は人の「シワ」と同じと解釈して受け入れる。

上／東側面。隣家との間仕切りはなく、南側の板塀も極めて低い。
左／庭のある西側面のモルタル劣化がかなり進んでいる。個人的にこのマチエールは好きだが、家屋の寿命のためには再塗装が急がれる。

北側面。銀杏の大樹があるため、小路ができて先述のアプローチ（P112）につながる。マイカーはこの北側面に添うように停車させている。

Exterior

雨避け付きの玄関、典型的な切妻ファサードの米軍ハウス。周囲にもFLAT HOUSEが立ち並ぶため、空がとても広い。

123

隣家との間の3坪ほどの土地が庭になっている。当初はカーポートとして設けられたスペースのようだが、五十嵐さんは芝を敷き詰め庭とした。取材は初夏、こまめに手入れされた植栽や草花が本当に美しい。

部屋から見るとインテリアに融合、一枚の絵が飾ってあるかのよう。

反対側にも2メートル幅ほどの庭があり、こちらは菜園と自転車置き場に使用している。

入居当初はかなり荒廃していたそうで、息子の弦くんと二人三脚で整地して芝を敷き、植栽して現在の形にしたそう。母子で苦労話に花が咲く。

「大変だったんだよなあ〜」と大の字に寝転ぶ弦少年。

背面もバックヤードとまでいかないまでもそこそこ余裕がある。今の建て売り住宅であればこの半分の幅もないのではないか。

家庭菜園.

BED ROOM

少し開いちゃう. KID'S ROOM

CAR PORT

この樹が子供部屋
から見えるのが
とてもイイ〜.

取材中.何人もの
子供が誘いに来た.
この界隈の子供たちは
本当に外でよく遊ぶ.

五 十嵐邸に感心したのは、本編ではあまり触れなかったが「インテリアの使い方」だ。日本語が書いてあるものをひたすら排除してスタイリッシュにするのは簡単だが、それでは暮らしが成り立たないことを彼女はよく承知している。肝心なのはその格好悪いデザインとどう共存するかで、それが達成できて初めて真の「センス良い」暮らし方なのだということをわかっている。五十嵐さんには、芸術の都で培われたその生活センスを日本の暮らしの中でムリなく自然に昇華させている印象を持った。部屋といい庭といい、本当によく片付けられていて、触れられており、神経が行き届いている。そんなところからも生活に対するマジメな姿勢がわかるし、インテリアの揃え方にもその行き届きが反映されていることは推し量れる。小さな子供がいるから散らかってもしようがない、というのはもう単なる言い訳でしかありませんぞ、皆さん。

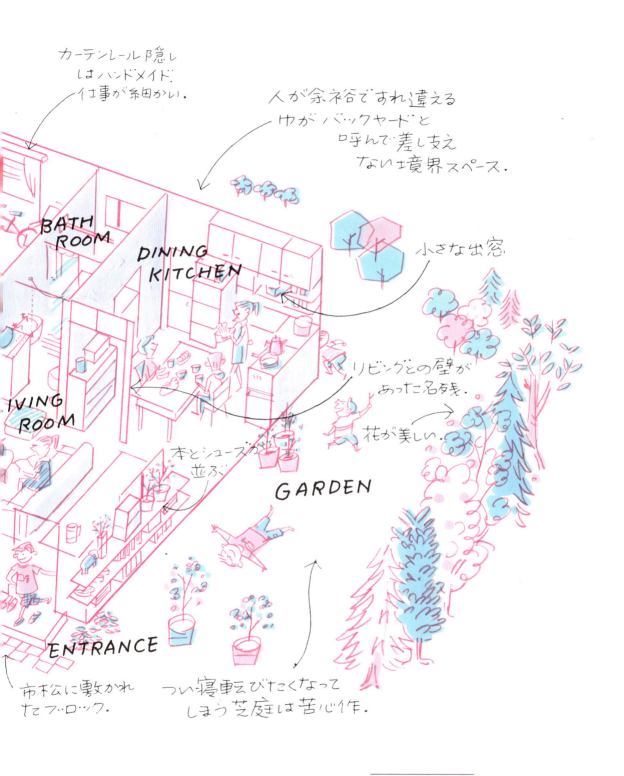

■築年数：推定50年
■居住年数：6年
■間取り：1L×1K×2bedroom
■駐車場：あり
■賃料：★★★
■家族構成：2人

★ :6万以下
★★ :6.1万〜8万
★★★ :8.1万〜10万
★★★★ :10.1万〜15万

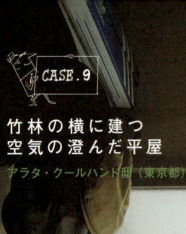

CASE.9

竹林の横に建つ空気の澄んだ平屋

アラタ・クールハンド邸(東京都)

Living room

シンク周りは実にシンプル。シンプル過ぎるため、食器棚やスパイスラックなど前住人たちが設えていったものがたくさんある。

玄関すぐのリビングダイニングは約8畳。クッションフロアが張られていたので上からリノリウムを。1列を黒にし、アクセントをつけた。

外国人に貸すことを意識してか、洋間には腰板が。リペイントされたブルーグレーが米軍ハウス風。

鉄筋住宅からここに移り住んだ当初、まず室内の空気の澄み加減に驚かされた。通年生暖かいマンションのそれとはまるで違うのだ。木造家屋は鉄筋に比べ住む人の寿命が約10年長いらしい。気密性の低さが空気循環を促しているということ、土壁や木などの天然資材が湿度調整するということなどに起因するのだろうが、この家の場合、周囲が潤沢な緑に囲まれているということも大きく関係していそうだったし、むき出しの地面がたくさんあるということも影響しているのだろう。

その証拠に、借景のよさには訪れる誰もが感嘆した。仕事部屋の窓には公園の緑と抜けた青空がツートーンの景色を映し、寝室からは近隣の豊かな植栽が臨める。特に隣の竹林を眺めながら入浴できる風呂場はベストルームだ。

入居するまでの経緯は本書冒頭で述べた通りだが、ここではいかにしてリノベーションをしたかについても簡単にまとめてみた。後にFLAT HOUSEファンになる私の平屋生活はこの家から始まる。

ドアノブは今では見られないアルミ削り出し。スライド式ロックが付属していて合理的。

タイルパターンが味わい深いバスルームの外正面は竹林。雪の日などは幻想的な風景を拝みながら入浴できる。ここが都心から30分？と疑う借景だ。

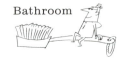

上／棚は前住人の置き土産で、白く塗装をかけた。その下にあるタオル掛けは自作。左のドアはトマソン的な勝手口。
下／ナローなトイレは閉めるとドアが鼻先に触りそうなほどの狭さだが、居心地は逆に良い。腰板と窓枠は自分で塗装した。

ドアやキッチンキャビネット、トイレ内部などところどころに安っぽい木目合板が使われていたのが内覧時に気になり、その部分だけは入居前に塗り替えたいと感じていたのでダメ元でオーナーに聞いてみるとあっさりOK。しかも翌日から作業させてもらえることに。普通の物件であれば難しいようなこともネゴシエイト＆コミュニケートで可能になることもある。

過剰リノベーション検証
やり過ぎ改修を食い止めろ！

　古い平屋物件が空くと、不動産屋はオーナーに過剰なリノベーションをけしかけることがしばしばあるようだ。古い＝汚い→借り手が付かない、という考えが一部のご年配方にはあるようで、最終的にはせっかくの古いパーツが犠牲になる。「物を大切に」と我々以上に教育されてきた世代のはずなのに、どうしてこういうことになってしまうのか、不思議でならない。

　古くて良いものを残すための交渉をしなかったり、ディティールに無関心であることもこの光景を生んでいる。よい住宅とはたとえ賃貸であっても「勝ち取る」気持ちで借り手ひとりひとりがニーズ＆ウォンツをはっきり口にするべきだ。そうすることで貸し手のセンスも磨かれ、必ずや家に、ひいては文化全体に反映されて行くはずである。

まるで船のスクリューのようなカッコイイデザインの換気扇が……

磨りガラスを使ったショーケースのようなブレーカボックスは……

ワンルームマンションに付いているようなものに交換されてしまった。

上から乱暴に新しいブレーカを据え付けられてしまった。

せっかく良い質感になっていたオリジナルのフローリングの上からわざわざクッションフロアを張るという愚行。下の板目が浮かんできてしまっている。

戸建2LDKであれば全室角部屋になるわけだが、中でも4.5畳の寝室は日当たり良好。狭さも寝室なら心地よい。

入居当初設えたバルコニー。大規模な修繕が必要だが、既存バルコニーを延長したことで利便性は随分上がった。

和室だった仕事部屋にはレッドシダーの足場板を張った。畳を上げ、コンパネ、断熱材、板の順に敷く。フローリングカーペットでは持たない重量家具やキャスター家具の設置も可能に。

我が家のあるこの一角だけ古い平屋が10棟ほど固まって残っており、昭和にタイムスリップしたような気分になる。

北側には1メートル強の幅のサイドウォークがある。植木は市の緑化政策からの補助金で植えられた。

data
- ■築年数：44年
- ■居住年数：10年
- ■間取り：2LDK
- ■駐車場：あり（有料）
- ■賃料：★★
- ■家族構成：1人

★　6万以下
★★　6.1万〜8万
★★★　8.1万〜10万
★★★★　10.1万〜15万

良い FLAT HOUSE 探しの心得

「平屋って、いったいどうやって探したらいいの?」「どうすれば借りられる?」そんな質問をしばしば受ける。モチロン正解などはないけれどひとつのパターンをご紹介しよう。キーワードは行動とコミュニケーションだ。

先ず地図で緑地公園を探そう。そういう公園は昔米軍に接収された土地だった可能性があるため、周辺に古い平屋があることが多い。モチロン基地の街も然りである。

目ボシをつけたら即行動！自家用車にフォールディング・バイクを積んで向かうのが理想的。カメラも忘れずに。

現地に着いたら車をパーキングに入れて自転車で出発。徒歩だと探す範囲も時間も限られてしまうのでポタリングが一番良いだろう。物件に出会う確率も段違いだ。

良さそうな物件が見つかったらいろいろな角度から撮影する。

借りたいと思える物件に出会えたら勇気を出してご近所を訪ねてみよう。オーナーの事や賃料、住みやすさやネックなど、様々な角度から家をリサーチする。

オーナーが近くに住んでいる事が判った場合は挨拶しに行こう。空き物件を優先的に教えてくれるかも知れない。
good luck!

"vital method"
arata coolhand

A method for giving dynamism and fulfilment to our lives while transforming various matters into their most appropriate visual form —— 'which, in order to be carried out properly, requires that We always keeps our cups empty.

FLAT HOUSE LIFE

パーツ・ミュージアム

洗面シンク編

ハウスが建てられた時代のシンクは現在のものとデザインや構造に違いがある。すでにTOTO（東洋陶器）やINAX（伊奈製陶）の2大ブランドが高いシェア率を誇っていたようだが、C.I（コーポレート・アイデンティティ）＝トレードマークなども違っていたりする。またその他のメーカーもいくつかあったようで、発見の多い、見ていて飽きないパーツだ。

ローマ字でTAKASHIMAとあるが、会社の現存は不明。C.Iは三重丸に星のデザイン（水田邸）

C.I

ローマ字で社名を全表記している東洋陶器。個人的には今のロゴよりこっちの方がいい（眞鍋邸）

大抵のシンクには裏手前中央にC.Iが入っている。INA SEITO CO.LTD＝伊奈製陶はなぜか羽ばたく鳥のデザイン（永澤邸）

洗面シンク編

ディテイル

パンチホールの空いた排水溝も無骨な感じでいい（塩原邸）

ハウスではこの溢れ落ち防止のダブルフレイムがよく見られる。伊奈製陶製（水田邸）

60年代後期以降にはこのフレイムレスタイプが登場、現在のデザインに近づく。東洋陶器製（森田邸）

60年代初頭以前のものには橋脚のような金属ガゼット（補強具）が付いている（小林邸）

FLAT HOUSE COLUMN

CASE.10

住人のイマジネーションを忠実に具現化する平屋

小林邸（東京都）

ここは舞台である。
住人のイメージを100％反映させ、
入ってくる者にそれをわかりやすく
プレゼンテーションしてみせるステージセットだ。
ここでは家のオリジナルパーツを
見てもらうというよりも、
生活道具と見事に融合した
小林さんの自作インテリアの作品群を
じっくりと堪能していただきたい。

小林邸は来るたびにカタチを変える。先日まであった小さなバルコニーがサンルームになっていた。

ドアを開けると玄関。ここは米軍ハウスだったためこのスペースは後付けと思われる。

真鍮製ドアノブのヤレ具合が内外で差があり面白い。

右／玄関側を臨む。背の高い集合住宅に挟まれている割には奇跡的に風も光もよく入る。
左／このドアを含めほとんどが小林さんの作品。古いハウスの解体現場から廃棄するものをもらい受けそれに改造を加えて作っている。

男女2体のトルソーがおめかししてお出迎え。ここからして空気がもうただのフラットハウスではない。小林邸のヘッドクォーターは「antos」ラビリンスへの入口でもある。

ご主人の小林さんと前出の水田さんは、知る人ぞ知る製作ユニット「antos」のインテリア・アーティスト。このフラットハウスもさまざまなメディアに登場しているのでご存知の方もいると思う。この家は彼の仕事のショールームとしても機能し、主人のイマジネーションを忠実に具現化する装置としての役割もまっとうしているが、同時に住居でもあるから驚きだ。

しかし、丸々一軒が小林さんの作品と化しているこのハウス、実はもうすぐ取り壊されてしまう憂き目にある。家が雨漏りを始めたことでオーナーに取り壊しの引き金を引かせてしまったようだ。

周囲には集合住宅が隣接しており、決してロケーションのよい立地ではないが、人知れず咲くうたかたの花のような小林邸は、まだひとり気炎を吐いている。

ヘリンボーン柄に綴られた床は、クッションフロアを剥がし、同一の長さにカットした角材をひとつひとつ手組みにして配置したという小林さんの超力作。「もう二度とやりたくありません」とはご本人の弁。

古いハウスにはよく見られた格子状の天井。80年代にかけて行われた防音工事で刷新されたケースが多く、現存数は少ない。

何があったのか壁に浮かぶ正方形のコントラスト。創造力を掻き立てられはしまいか。

経年変化からコーナーに現れたスリット。これが建売住宅ならばただの手抜きと言われかねないが、40余年も前のハウスではどこか蠱惑的に映るから不思議だ。antos作品をうまく演出している。

床はオリジナル。乾いたテクスチャーがまるでビンテージ家具のよう。傷さえも価値のひとつにしてしまう力がある。最近のフローリング材ではこうはいかない。

天井端に開く長方形の穴は通気孔。これがあるハウスとないハウスがあるのだが、小林邸はパンチメタルのネットが張ってある仕様。

クローゼットの引き戸は経年のゆがみからぴったり閉まらなくなっている。それが幸いしてコードがうまく顔を出す。

西と南の2方向から日差しが入るため印象はやわらか。ベッドまで自作とは驚かされた。

リビングの奥には小さなキッチンが待ち受ける。テーブルセット、ガステーブルからシンク周りまですべて小林さんの自作。ナローだが意外にも開放感があり居心地がよい。現代的デザインのモノをなるべく隠すようにした成果でもあろう。

シンク下のスペースには小型のフリーザーがぴったり納まっている。このサイズを探すのはさぞ大変だったろう。

キッチンの床はコンクリを打って処理した。早くもクラックが入りいい味を出している。

小さくても使いやすそうな水周りはアイテム選びと収納の兼ね合いが実にうまく、まとまりが良い。上部の棚以外はすべて自作。

サイドヤードに出るためのお勝手ドアはめずらしくオリジナル。窓の位置のバランスが不自然。もしかするとどこかの別のドアを無理やり切って、はめ込んだのかもしれない。

よく見ると右枠の部分が全体のアンバランスを呼んでいるようにも思える。だがこんな調子が古い平屋のご愛嬌。

収納は天袋だけでほとんどないが、それゆえ濃灰色の腰板と白壁のコントラストが美しい帯となって部屋を取り巻く。

出入口部分にある小さなスペースには奥行きの狭いニッチがある。実はこれ、隣の寝室とを結んでいたドアを塞いだ跡。そこに腰板に高さを揃えたシェルフを作っている。

波打つ天井は雨漏りの痕跡。ハウスでは決してめずらしい光景ではない。

扉枠が4重！ これもリノベーションの歴史、家の年輪のようなものかも。

以前水田さんの部屋だったここには特に彼の作品が残っている。こんなかたちで仕事のパートナーの息遣いを感じることができるのも、ハウスに住むアーティストの特権ではないだろうか。

Bathroom

シャワーブースはタイル張りのバスタブだったもの。それを剥離してコンクリートを打ち、塗装するという手間のかけよう。ソープシェルフも一から自作。

シャワーヘッドはトマソンか？ と思いきや立派に稼動している。スゴイ！

蛇口のカランも自作。右上にあるボックスの中には樹脂製の湯沸かし器コントロールパネルが隠れている。完璧。

パイプの残骸はバスタブがあった時代の名残。シャビーな雰囲気を醸している。

バスルームも他に漏れず小林さんの世界観が反映されている。古い配管に合ったカランを製作するなど細をうがって抜かりがない。

洗面台周りも作りこみがすばらしい。鏡だけがオリジナルだそう。

洗面シンクは下部に金属製のステイが付いている最も古いタイプ。取り壊されるハウスから移植したという。東洋陶器製。

ゴシック風の壁のパターンは再塗装によるものでその前は明るめのグレーだった。気に入らない部分はとことんやり直す。

道路から3メートルほどのアプローチを経て、青いドアを開けると玄関がある。

Exterior

サンルームの横は新たに小さなバルコニーが作られた。手前の植栽のレイアウトといいさびた三輪車といい演出がニクい。

現在、転居先をぼちぼち物色し始めているという小林さん。退去時はそのたくさんのパーツを持って出るということなので、次の「antos」のステージが見られるかと思えばそれはそれでまた楽しみではあるのだが……。やはりもったいないと思う気持ちの方が勝ってしまう。

data

- 築年数：推定45年
- 居住年数：7年
- 間取り：1L×1K×2bedroom
- 駐車場：あり
- 賃料：★★
- 家族構成：1人

★ ：6万以下
★★ ：6.1万〜8万
★★★ ：8.1万〜10万
★★★★：10.1万〜15万

149

CASE.11

マンションからの脱出を促した
SOHOとしての平屋

H氏邸（東京都）

実はこの家が空いたとき、改修作業に立ち会いリノベーションの「やり過ぎ」を阻止した経緯がある。30年も同じ住人が住んでいたので古いパーツがたくさん残っていたからだ。大家への根強い説得が実を結んだケース。

交換されそうになっていたところを説得して何とかオリジナルを死守した木製の窓。

仕事の本格的独立を機に、間借りしていた友人のマンションから脱出することを目論んでいた音響クリエーター業のH氏。自室で行う仕事柄、次は家をSOHOにすることを考えていたが、一体どんな物件が良いのか具体的なイメージが沸かずにいた。しかし、この平屋との出会いで一気にエンジンがかかることになる。

前住人は米国人女性。30余年住み続けてくれたおかげで内部には木枠の窓をはじめ古いパーツがたくさん残っていたが、年配の方々はどうもマンションのように改修したがる傾向があるため、同オーナーの平屋に住んでいた私は現場に日参。なるべくそのままの形で残すよう大家と大工を粘り強く説得した。

改修が終わって約5ヶ月、偶然友人宅で知り合ったのがこのH氏。彼の現況を聞き、ならばと内覧に連れて行ったところ、自分の描く青写真に見事に色が載せられたようで、ほぼ即決に至った。

かくしてマンション脱出に成功したH氏、最初はあまりピンと来なかった古いパーツ類も住むにつれ家の大きな魅力であることが認識できた様子。才能溢れるクリエーターがSOHOとして使っている現在、手間ヒマかけて守ったことが報われたという気持ちが強く残る、私にとっても特別な平屋となった。

V字のハンドルがカッコイイキッチンキャビネットは庭に放り出されているところを救った品。

左／バスルームは広く天井も高い。北側に位置するのに明るいのが何よりいい。
上／この楕円型タイルは文化住宅のお約束的スペック。賛否は分かれるが、この家に敷かれているものは淡色系で綺麗。

音楽を生業とするH氏の仕事部屋は北東2面が開口しており採光がとてもよい。明るい職場だ。

この平屋の腰板は濃茶に塗装されている。

このサイズの平屋にしてはめずらしく独立した廊下がある。このスパンにはCD・本棚を置いたりと利用価値は大きい。

階段を使ったアプローチ。低めの門が付いている。

門のロックギミックが面白い。金具を向こう側に押すとリリースする。

おそらく前住人が設けたと思しき郵便受けは重厚なつくり。上のフレームは表札入れ。

左／交友範囲の広いH氏、庭ではBBQが催され菜園で採れた野菜も網に載る。4～5坪ほどの庭でも住み手の心意気如何でポテンシャルは高くなるもの。
右／隣家とのスパンも確保。物置が置けるほどの広さがある。

裏庭にしてはかなり広い。

BACK YARD

和室だった寝室は大家を説得しフローリングに。

BALCONY

ここは何とかオリジナル木枠を残す事に成功。

BED ROOM

この廊下はエントリーと物置きの役目を果たしている。

DINING KITCHEN

このドア裏にはフシギなスペースがあり、中々便利そう。

WORKING ROOM

BATH ROOM

W.C

ENTRANCE

面する道路より1mほど高い。

このスペースは一見ムダに見えるが、風通しや外観のゆとりに一役買っている。

data

- 築年数：44年
- 居住年数：1年未満
- 間取り：2LDK
- 駐車場：あり（有料）
- 賃料：★★★
- 家族構成：1人

★　：6万以下
★★　：6.1万〜8万
★★★　：8.1万〜10万
★★★★：10.1万〜15万

CASE.12

人に見捨てられた品々と愛犬と
侘び寂びの平屋

香月邸（東京都）

小ぶりな家作住宅が拝み合いで長屋のように並ぶ集落の、中央の通りを抜けるとこの入り口が出現する。漫画雑誌『ガロ』で活躍していたつげ義春作品を実写化したようなビジュアル。

　この写真はその昔に撮られたものではない。現在ある東京の住宅を撮った写真である。しかも都心から電車で30分ほどの町にある建物だ。

　ここは前出の鈴木さんが管理する築50年以上経つ平屋集落で、その中に「面白い友人が住んでいる」という話を聞かされ、覗かせてもらう運びになった。

　こういう雰囲気の平屋に入るのはもしかすると幼少以来だろうか、玄関の前に立ってみて少々不安になったが、一歩踏み入ると「こんなに楽しい平屋があったとは！」と大きく感嘆した。

　住人の香月さんの職業は建物解体とハウスクリーニング。並ぶ年代物のインテリアは捨てられそうになっていた不要品を引き取ってきたものがほとんど。購入品も捨て値で手に入れた中古品ばかり。それらが自分の古巣に戻ったかのように古い平屋という器の中に溶け込んでいる。

　FLAT HOUSER生活信条の第一項目である「おカネなんかなくたってできる楽しい暮らし」を正しく実践している香月邸は、あなたに勇気とプライスレスなエンジョイを与えてくれるはず。

ハウスでもたまに「おばあちゃん家に来たような空気感」といわれることがあるが、ここはまさに「おばあちゃん家」。なんとも落ち着く。

壁はあえて砂壁のままにしてあるが、腰壁は再塗装。この台も不要品を引き取ってきた。

常夜灯は行灯になっていて内外を兼ねているという合理性。意外にもプラスチック製なのだが、ヤレ具合がとてもいい。

常夜灯のスイッチケース。この黒い円形は子供の頃、親戚の家で見た記憶がある。

158 Kaduki House: Tokyo

Kitchen

玄関を入って左手に延びるキッチンはどちらかというと「台所」という風情。職業柄か掃除もとても行き届いている。

必要最小限のもので暮らしているせいか、スッキリしていて古い家屋にありがちな不潔な感じがしない。

いたるところにラジオ。不要品を引き取ってきたものがほとんど。

各種オーディオ機器はすべて現役可動品。ラジオ、プレイヤー、モジュラーステレオ、手巻き蓄音機……私も音が出るモノが大好きなので、この光景には率直にシンパシーを抱く。

Living room

工具ホルダーのパンチングボードをよく見ると自分で板をペイントし、ひとつずつ穴を開け仕上げた自家製。市販されていないので自分で作ったというので、ネットで売ってますよと教えたところ、知らなかった様子。知らなくて大正解。

梁左側のパターンが入った天井が増築部分。前住人が設えていったそうだが、ロマネスク調に角度の付いた意匠にただならぬものを感じる。

160　Kaduki House: Tokyo

4～5畳ほどのスペースに2畳ほどの増築がなされている居間には、さまざまな「戦利品」が居並ぶ。信じ難いことだが、ここのほとんどのものが捨てられる寸前だったのをサルベージしてきた品。我々がいかに使えるものを捨て、買い替えずともいいものをわざわざ購入し直しているかがわかる。

格子だけになった障子から紫陽花が覗く。他では見ることのできない不思議な構図。

工具ホルダーとゴミ回収カレンダーの横に、ジョン・レノンにジミ・ヘンドリクスのポスター、つり下げ蚊取り線香……。これをマンションでやればイナタい感じになってしまうのかもしれないが、この古い平屋がうまく調整している。確信犯的。

上／リビング方面を見たところ。2部屋抜けて臨めると小さな文化住宅も狭さを感じない。
右／南側の半間の壁に置かれた小さな机。このかわいらしさはやはり和の平屋特有のもの。

東側の和室は客間兼寝室。天井といい畳といいふすまといい、まるでエイジング加工を施した映画のセットのよう。この後、このちゃぶ台を囲んで小宴会が始まった。

162　Kaduki House: Tokyo

リビングの西側の部屋はパソコンなどをする書斎的な役割の部屋。だがアラジンやニッセンなどのビンテージストーブも並び、コレクションルームのようにも見受けられる。パーケット張りの床はオリジナルだろうか、いい色を出している。

ふすまに掛かったギターと茶だんすのコンビネーションが昭和40年代中期あたりの匂いがする。

リビング方面を臨む。古いものが並ぶ風景は変わらないのに反対側から見たのとはまた少しテイストが違って見えるから不思議だ。

リビングの窓から見るといかにも涼し気。こんなところに住んでいれば、別に避暑地なんかに行かなくてもいいような気持ちになるだろう。

リビングと和室に囲まれるようにある庭は3坪ほどと家のサイズにしては広く、使いでがある。夏はここでお酒を飲む頻度も高くなる。

これだけ開け放っていれば、町家造りの中庭のように各部屋に風を届ける役も果たす。

観用植物も置きたい放題。

リビング側も隣家との間はまだこれだけある。このくらい空いていないと一戸建てとしてのメリットはないに等しいと個人的には思う。

玄関前にある愛犬用のスロープ。優しさのにじみ出た手作り設備。

Garden

屋根は前住人の置き土産。退去する際、「現状復帰」を金科玉条とばかりに、なんでもかんでも撤去させる大家がいるが、それもどうかと思う。こういう完成度の高いものは家の価値を上げるものとして残すべき。

上／浴室は3畳ほど。古い家作によく見るタイプだがここもキレイに清掃されていて、古い家屋の水まわりにありがちな気味悪さはない。幅の薄いバランス釜とバスタブは設備業を営む知人が安価で付けてくれたそう。
下／文化住宅特有の広い浴室窓。隣家も平屋だと窓が北向きであってもかなり光が入ってくる。

多くの人がこの風景に「懐かしさ」を覚えるのではないかと思う。塀の向こうに見える2階建てとの対比がなんとも虚しく映る。

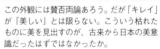

この外観には賛否両論あろう。だが「キレイ」が「美しい」とは限らない。こういう枯れたものに美を見出すのが、古来から日本の美意識だったはずではなかったか。

塗装が大きく剥がれた破風。味としてはいいが、家屋の寿命を考えるとリペアが急がれる。

長屋前の小路を挟んだ斜向かいには、若い建築家が住むことになった平屋が見える。こちらも一部廃材を利用して増築している様子。ここがそういう「横町」化すると嬉しい。

こちら側が増築部分。

古いけれど清潔。ここでもタイムスリップできそう。

BATH ROOM

この辺りも香月邸のスペースだが、あまりはっきりしていない。

香月邸にはわざわざレトロに作り込んだような白々しさがなく、人々が捨てようとしていたものを集めたらたまたまそうなっていたというような自然的発露がうかがえる。しかし何が痛快かって、香月さんが今の生活を「楽しい」と言い切っているところだ。世の中には、不要品に囲まれ犬と古い貸家で暮らす独身男と哀れむような見方をする人だってあるかもしれない。しかし当の本人は幸せこの上なさそうに暮らしている。それを見ているとこちらにまでその楽しさが移ってくるのだ。

生きるために「働く」のでなく、「働かされている」人の多い現代社会では、新築を買うことは疑う余地のないステイタスと化している。しかし、そう妄信している人は、香月平屋とその暮らし方を今一度よく見ていただきたい。消費したお金と幸せは必ずしも比例しないのである。

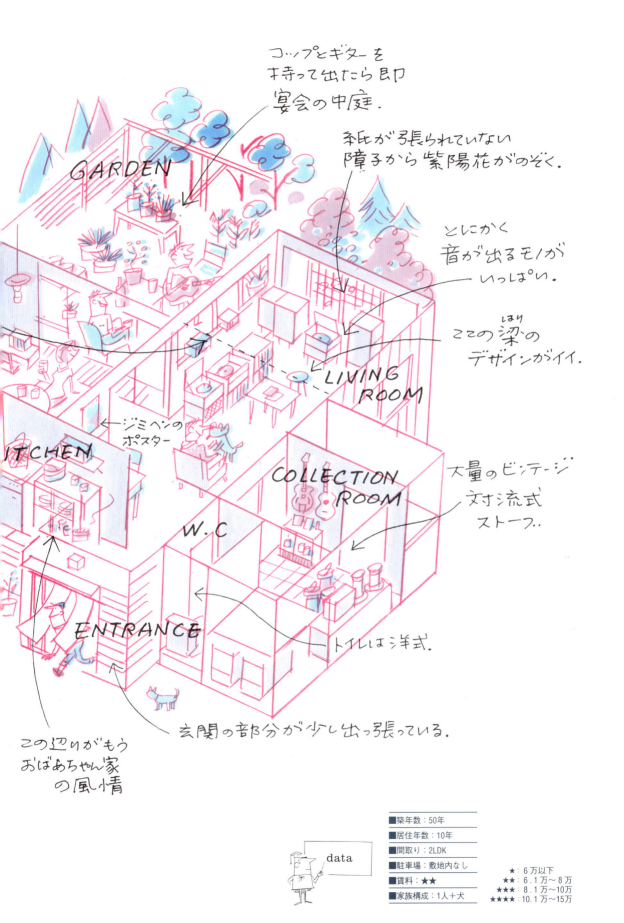

FLAT HOUSE LIFE
パーツ・ミュージアム

ガラリ編

FLAT HOUSEの切り妻屋根の頂点部分には、大抵屋根裏の通気孔＝ガラリが開いている。設計士によるものなのか、はたまた職人の遊びなのか、さまざまな楽しいデザインが存在する。

鳥居型（渡辺邸）

鳥居型だが渡辺邸より横に長く桟が多い（永澤邸）

いったいどうやって生きているのか？
蔦が生育している（河田邸）

ハの字型（仲村邸）

ガラリ編

家に「小さな家」が付いているハウス型（高垣邸）

への字型（平川邸）

ネーミングの難しい
バラエティタイプ。
よく考えましたね。

FLAT HOUSE COLUMN

FLAT HOUSE LIFE

パーツ・ミュージアム

ブレーカボックス編

現在では素っ気ないプラスチック箱と化してしまったブレーカボックスは、生活スタイルの変遷と共に最も取替えらてしまっている確率の高いパーツだ。その昔はこんなふうにインテリア性が高いものが多かった。

内側には防炎のためブリキが貼ってある（岩本邸）

磨りガラスが入っているタイプで中身が確認できる（アラタ邸）

ブレーカボックス編

めずらしい観音開き。なんともメルヘンチックなデザイン（塩原邸）

横長の長方形（水田邸）

岩本邸に比べると枠が細く、取っ手が下についている（渡辺邸）

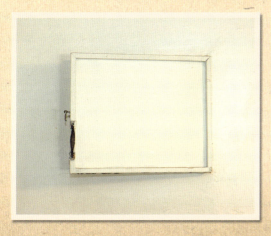

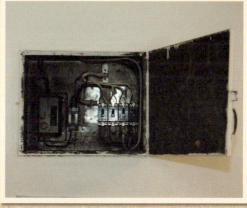

FLAT HOUSE COLUMN

文化住宅や福生界隈のハウスとはまたひと味違う平べったいフォルム。白く塗られた全身下見板張りのファサードに青い芝生は、否が応でも目を惹く美しさだ。

オリジナルパーツがたくさん残る
広いアトリウムのある大きな平屋

恒松・高山邸（埼玉県）

　恒松・高山夫妻との出会いは初刊『FLAT HOUSE LIFE』と私の自費出版する『FLAT HOUSE style』が作ってくれた。後者２号で特集したFLAT HOUSEに住む小金丸さんの経営するcafeで開催したトークライブに彼らもご参加くださったことが縁。聞けば、前著を見て「そういえば郊外の米軍ハウスに憧れていたんだ！」ということを思い出し、即日探して埼玉のハウスに転居、それから半年も経たぬうちに空いたばかりの現居を近所に見つけ、こちらに移って来たという。後日伺うと、界隈では目を惹く外観で有名だった街道沿いのハウス群の中の１棟。私も10年ほど前にこの並びの前は何度も往き来し、いい平屋だなぁと見ていた物件だった。ライブの後、「平屋に対する愛情ではアラタさんに負けませんよ！」と挑戦状を叩き付けられた私（笑）。それではお手並み拝見と内覧させてもらうと、さすが豪語するだけはある素敵なFLAT HOUSEだった。

細長い前室の端にあるアルミドアが玄関。ここから前室を経由して屋内に入る。

上／外を見たところ。反対側もハウスだったらさぞ和みの借景になるだろうに。
右／アトリウムとして使っていたのか、3面が素通しガラスに囲まれているため潤沢に光が差し込む。前室というよりもガレージにも仕事場にもなってしまうほどのオールパーパス（多用途対応可能）な広さを有する。恒松さんたちは古着や靴などのコレクション・ストッカーに作業場を兼ねていた。うーん、楽しそう。

内側も外壁と同じ下見板張りになっている凝りよう。こういうインテリアもすんなり馴染む。

平屋本体へのドアはもちろんオリジナルパーツ。昭和30年代にはこのドアを大勢の異人がくぐったというわけ。左の常夜灯もおそらくオリジナルだろう。

上／春のやわらかな光が差し込む。並ぶレザーブーツの数々はコレクション＆商品。これだけ並べても余裕のスペース。下／敷居のテクスチャーも満点。

広さは20畳以上。床も壁もドアもライトもオール・オリジナル。気分は否応なく上気する。夫妻はこのリビングを事務所としても使用しているが、それでも充分スペースが余っている様子。

ペイント壁にウォールランプ。その前に鎮座する古いミシンは恒松さんのお母さんの形見。

西側を見たところ。天井のライトが2灯付いているのを見ても、この部屋がいかに広いかがわかる。

玄関から一歩踏み入れた光景。まず誰もが口にする「うわぁ〜」という嬌声には「広い！」と「いい！」が含まれている。

上／玄関を少し入った横にストレージが。下／ドアのサイズは部屋のものと同じなのに開けると中は半間ほど。

Living room

1灯だけ不思議なガイドが付いている。何か意味があるのか飾りなのかは不明。

冬はこんなショップのようなレイアウトになる。天井が高いのでこんな高さまでモノが掛けられるという。

Kitchen

右／南西側にあるキッチンは6畳ほどの広さ。正面西側と北側に小さな窓があり、採光はそこからだけだが暗さはない。ユニットはL字形に設えてある。
下／使い勝手がいいL字形ユニットのコーナー部分は、古いアメリカのインテリア本を見ているとよく出てくる。以前の日本の台所にこの発想はなかった。この合理性がいかにも彼の国らしい。

下のキャビネットも今では見ないデザイン。そこそこ古そう。

こちらが北側。下のユニットに合わせてぐるりと木製のキャビネットが残る。入居前にオーナーに直談判して費用を出してもらい、好みの色にリペイントしたのだそう。話してみれば案外そういうオーナーもいるのだから、交渉はしてみるものです。

こういう小さなシェルフもポイントとしてカウントしてしまう部分。

シンクサイドのキャビネット。しかし収納が充実している。

入居前はこんな色だった。この色もなかなかいい。

シンクの背後にはストッカーがあり食材がたっぷり入る。

このストレージは小ぶりなくせに東西両方にドアが付いている。こちらが西のドア。

1坪強ほどのストレージ。和訳すると「倉庫」だが、洗濯機を置いたり大工仕事をしたりと使い方はいろいろ。とても汎用性の高いスペースだ。大抵これが付いているところが米軍ハウスの長所のひとつである。

こちらが東のドア。裏庭に出てすぐ洗濯物が干せる。

左・中／上げ下げ窓になっていてまるで昔の電車のよう。しかも網戸付きとは驚いた。
上／…と思ったら付いていた留め金がまさにそんな雰囲気。

窓の横に旧ブレーカが隠れていた。
無骨でいい。

窓も天窓もあるため、ここのハウスのストレージは明るくてとても印象が良い。自分ならばアトリエにしているかも。

ゴツいライトのカバーと白く塗られた梁＆天井が、英国あたりの田舎の舟小屋を連想させる。

Bathroom

上／タオルハンガーもオリジナルパーツのニオイが。以前e-bayで同じタイプを見たことがある。
右／シーリングライトもオリジナルのようだ。天井のペンキのマチエールがいい。

1〜1.5坪と、家屋の大きさにしてはかなり小ぶりといえる浴室。その上オリジナルパーツはほとんど取替えられてしまっている。とはいえ、良くないバスルームというわけではない。むしろ刷新の仕方のうまさに好感が持て、一般住宅から移ってきても無理なく使える取っつきやすさがある。個人的にも平屋バスルームベスト5にランクインする、明るく清潔な浴室だ。

上／まだ『伊奈製陶』だった時代のロゴ。同社が『ina』にロゴを変更したのが1969年といわれているのでそれ以前のもの。
下／ブラケット付。よく見る金属感むき出しの橋脚タイプよりも少し新しそう。
右／洗面シンクは数少ないオリジナルパーツのひとつ。恒松さんが付けた鏡の上にあるひとつ目小僧のお面のような物体はバニティライト。塗り固められ方がすごい。

上／ロゴがかなりギリギリのところに付いている。右／壁も床も白のサブロクタイル（3寸6分角）で統一してあるため印象が明るい。トイレユニットの木製便座とタンク蓋は恒松さんが自前で交換した。

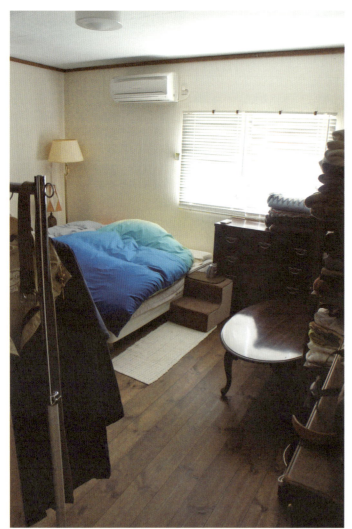

北東に位置する寝室は10畳ほどはあろうか。とてもゆったりした落ち着いた雰囲気の一室。特にフロアのオリジナル度を尊重する恒松さんも、この部屋の床板の傷み具合には諦めざるを得なかったそうで刷新をした。しかし浴室同様リノベートの仕方がうまく、嫌な感じはまったくしない。

南側の壁にはシャツのシェルフが。奥に見えるドアは収納。このハウスはドア・ノブともに9割方オリジナルだ。

部屋北側。収納奥にさらにスペースがあって頼もしい。

Bed room

入り口方面。ドア右手には一間分の天袋付き収納がある。キッチリと茶色に塗り分けられていて気持ちがいい。シーリングライトは底がすり鉢状になったUFO型。

寝室とほぼ同じサイズの1部屋をストレージにしている。10畳部屋を納戸にするなんてもったいないようにも思えるが、商材でもある品々を整頓し収納できるということは恒松さんたちにとって重要なファクター。

床材は自ら選び、オイルなどを塗り込んで仕上げた。板張りの壁はオリジナルだが入居前にリペイント。どちらもオーナーが費用を出してくれたそう。良い大家さん。

入り口方面。様々な形のアイテムを上手に陳列してある。こういう贅沢とも思える使い方は郊外のハウスならでは。

家とほぼ同じサイズで道路との間に横たわる庭は、車が4台は停められそうなスペースを有する。BBQパーティはいわずもがなフリーマーケットさえ開催することもできる、ユーティリティの高い「屋外イベント会場」だ。

入居前に前室の前にカーポート用の敷石を敷いた。来客の際はその隣に駐車可能。

Past time

入居前はこんなだった！

風 通しがよく、青々と生え揃う芝庭は元からあったものではない。恒松さん高山さんの汗と努力の賜物だった。しかし「楽しかった」という夫妻。さすが、豪語のFLAT HOUSER。

Garden

隣家も同オーナーの所有するハウスのため借景が抜群にいい。現在もこのくらいの余裕を持って家を建てられないものかといつも思う。

近隣の米軍基地のカーニバルがある際は露店を出す。「機を見て敏」が恒松さんたちのモットー。それにFLAT HOUSEが忠実に応える。

西側のブロック塀との間にも駐車スペースがある。いったい何台停められるんだね??とツッコミたくなってしまう。

その裏側にも当然スペースがある。植木の道具などもここに置ける。

奥=寝室前が少し広くなっている。テーブルを置いてティータイムに。

▶ まず草を刈って地面を出す。

▶ 樹の下枝を払って風通しを回復。

▶ 最終的には、芝生を全面に植えるために陽も遮る樹を抜いた。

カーポートを作る。「タコ」と呼ばれる胴突き（地固め）用具を用いての施工。

根っこの除去作業。私もやったことがあるがこれが結構な重労働。

芝を植える作業。高麗芝のシートではなく洋芝を1株ずつ植えた。

189

前出したストレージから見えた裏庭。幅は2メートルほどで、金属製物干が作り付けてある。景観を損ねないよう洗濯物を目の付くところに干さない西洋人の習慣が、ここ日本で踏襲されているというわけ。

Exterior
Back yard

前出のストレージ西側ドアの面構えがいい。網戸の枠の入れ方がジツに洒脱。呼び鈴も付いているので、こちらを玄関にしていた時代があったのかも？

前室の窓は引き戸になっていてフルオープンにできる。4枚戸のためレールの幅がすごい。

サビが出てシャビーな雰囲気のブリキの郵便受けはもともと付いていたもの。ステンシルは恒松さんによる。

金属製のゲートは現役でスムーズ開閉。

門のステイが半月状の板になっていて、閉めると完全円になるという洒落たデザイン。

道路側から見たファサードには品格や威厳に加えかわいさもあり、しっかりとした「家」の体裁がうかがえる。FLAT HOUSEの模範的エクステリアである。

冒 頭でも触れたように、通りかかれば誰もが見入るような外観のこの平屋、かなり良いだろうことはある程度予測できていた。というのも10年ほど前にここの隣のハウスが空き家だった頃、一度内覧をしていたからだ。バスルームのリニューアルや倉庫のディテイルなど、違う部分も多くあったため驚きは多々あったものの、結局感心したのはそこではなく「住人の情熱」だった。住み手のセンスと意識レベルでFLAT HOUSEの良し悪しは決まる、というセオリーがまたひとつ実証された思いである。

せっかくこういう物件に入っても、インテリアも暮らし方もまったく無頓着という人は残念ながら少なくない。その中で建具や内装に気を遣うべきという話は初刊でもしたと思うが、恒松さんたちのようにここまでレベルの高いハウスに住んでおいて、植木のレイアウトや外構にまで手をまわすFLAT HOUSERは本当に少ないと思う。しかも彼らは材料費以外、びた一文使っていないのである。そこが痛快だ。

実は彼ら、先日すでにこのハウスから転居してしまっている。昭和20年代半ばのかなり初期に建てられたと思しきハウスが空き、そちらに移ったのである。かなり酷い朽ち方だったが、逆に彼らの平屋魂（笑）に火が点いたようで、次回作に取りかかる芸術家の如くさっさとそちらの手直しに夫婦で没入し始めてしまったのだ。もったいないと思われる向きもあるかもしれないが、彼らにとってここまで手を入れた物件も単なる通過点に過ぎなかったのだろう。飽くなき探究心のあるFLAT HOUSER夫妻の「平屋愛なら負けません」という言葉に、ウソ偽りはなかった。

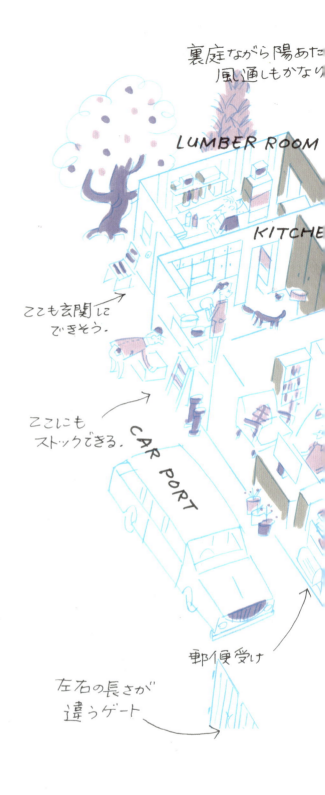

裏庭ながら陽あた
風通しもかなり

LUMBER ROOM

KITCHE

ここも玄関に
できそう。

ここにも
ストックできる。

CAR PORT

郵便受け

左右の長さが
違うゲート

CASE.14

家族の変遷とともに成長してきた二世帯住宅の平屋

洪邸（埼玉県）

もともとは1LDKという
小ぶりなハウスに増改築を繰り返し、
二世帯住宅に成長させた洪邸。
この家には、核家族化を促すような
リノベーションはない。
離れを作ったとしても
それは母屋の連続であり、
「スープの冷めぬ距離」といわれる
スパンすら作られていない。
その家族のつながりの強さと精神は、
この平屋を見るとよくわかる。

大通りから一本細い道を入るとそこにはモダンな平屋群が広がっていた。中でも一番目を惹くのが絵本の表紙にでもなりそうな洪邸。大きな樹木の下に広がる芝生、その中央にまっすぐ伸びたアプローチ、鮮やかなブルーのドアが訪れる者を誘う。

左上／前出の岩本邸と競うくらいのまっすぐ伸びたアプローチ。子供の頃読んだ絵本『小さいおうち』を思い出してしまうかわいらしさ！
右上／玄関のないハウスには「前室」という靴脱ぎ場がある。軍人が出た後に住んだ日本人が作ったもので、中に見えるドアが本当のエントランス。右上のギターは表札。もちろん洪さんオリジナル。
左／鍵がいくつも付いている。下から順に古い。昔の映画でよく観た外国のアパートメントのドアだ。ドアノブは真鍮のオリジナルパーツ。
上／前室には靴箱やベビーカーを置くスペースがあって1坪ほどでも便利。

リビングは10畳ほどとハウスでは標準のサイズ。ここで子供を育て両親を介護し、現在は孫と遊ぶ。左に見えるニッチには洪家の歴史が並んでいる。

二世帯住宅の洪邸には、他の平屋には見られないブリッジ部分がある。そこを通って娘夫妻の住居に行くようになっているが、単なる通路ではなくさまざまな利用価値がある空間となっている。

ミュージシャンである洪さんのスタジオは、リビング隣の増築された部屋。自作した空間でさらに作品をひねり出しているわけだから、人の創造力の何たるかを知る思いがする。窓越しにはエントランスの大木が。

上／孫の玩具や娘夫婦のフィギュアなどのショーケースが並ぶ。洪さんの脳内にはないアイテムがずらり。まさに世代のブリッジ部分ともなっているようだ。
下／ソファの後ろにもニッチがあるが、こちらはブックシェルフのような形状。天井だけでなく壁にも格子状の枠が走る。

ビートルズが解散して間もない1970年代前半、日本の音楽シーンにもニュー・ロックやブルース・ロックなどの新しい潮流が生まれた。中でも細野晴臣、大瀧詠一が在籍していた「はっぴいえんど」の出現は衝撃的で、彼らの方法論は現在のJポップ、ロックの礎になったとまで言われている。

その新しいムーヴメントのメッカとなったのがこの洪邸のあるエリアに点在するハウス群で、彼らはもちろんのことたくさんのミュージシャンやアーティストの梁山泊となっていた。

ギタリストである洪さん自身も当時の新潮流の渦中に身を置いていたひとりで、その時代から40年近くもこのハウスに住んでいる。ここで結婚し、子供を育て、両親を看取った洪さん。家族構成が変わるたびに自ら道具を手にして増築し、改築を重ねその形を変えて対応させてきた。

人生の半分以上をこの家で過ごした洪さんにとって、自分の要望に応え見守り続けてくれたこのハウスも音楽と同じくらい大切なパートナーなのではないだろうか。

200 Kou House: Saitama

カウンターやキャビネット、ラックから換気扇ブースに至るまで、すべて洪さんの手によるキッチンは、なかんずく洪さんのクラフトマンシップ大全開の一角！

フライパンハンガーはいわゆる「見せる収納」だが、これが映えるのはハウスのような物件ならでは。レンガタイルの貼り方やカトラリーの整理の仕方など、レンジ周りのコーディネートも素人離れしている。

オリジナルの木枠窓がいかにもアメリカンハウス的。左上の換気扇は室内換気用で、パーティなどで大勢人が来た際に稼動させるためわざわざ設えたのだとか。

パンチングボード中央のキャビネットはキャスター付き。

オリジナルパーツは右側4つ扉のキャビネットのみ。

ナローな感じがたまらない洗面台は大傑作。カラーリングもいい。総タイル作りのシンクは縁の太さが何ともかわいらしい。

バスタブがトイレと完全分離しているというハウスにしてはめずらしいタイプだが、実はもともとシャワーブースしかなく、バスタブは後付けだという。その割に完成度が高く、家とはこんなにフレキシブルに対応してくれるものなのかと感心してしまう。バスタブは、右に見える開口部から入ってちょうどトイレの裏側に回り込んだところに位置する。

上／バスタブだけ外にせり出しているかたち。ガラス天井なので浸かりながら夜空が見えるはずだったが、実際は曇ってしまって見えないらしい。
下／タイルのつなぎ方に注目。今、こんな芸当のできる職人は一体何人いるだろうか。

Bathroom

トイレの右を入るとシャワーブース、その奥に増設したバスタブがある。迷路のようだがお風呂に入るのが楽しくなりそうだ。

めずらしい内側の跳ね上げ窓。おそらく網戸を張ることを考慮してそうしたのだろう。

入り組んだ屋根のラインにサイディングの板、そして真四角の小窓の構成に絵心がくすぐられる。

Exterior Back yard

とにかく洪邸には周囲の敷地がタップリある。正面と左手の建造物は増築部分だが、家を一棟作り足したところで動じることがない潤沢な土地に、この平屋は建っていることがわかる。

ゆったりした裏庭には物置・納屋まで建てられている。

バックヤードからエントランス方面を臨む。右手隣家との間に、塀の類は皆無。この大らかな無境界意識が美しい景色を生み出すのだ。

南側のサイドヤードには関所のようにストレージがある。

北側スタジオ脇の小路はバックヤードに続く。幅の狭さと緩やかな坂にワクワクする。

今回取材した中で最も家と対峙しているように見えた洪さん。これほど人の人生に関わるキャラクタライズされた家というのは、テレビや映画の中でしか見たことのない装置だと思っていた。

そんなこの平屋も70年代には数々のインテリア誌の取材を受けたそうだが、当時は随分おかしな演出を強いられたという。

「勝手にカントリー風家具を持ち込まれて作ったことにしろとかね。ひどい取材の仕方をされたものだよ」

苦笑しながらも今は人に分け与えても余るほどの幸せに満ちている洪さん、時折眼を細めて孫をあやしていた。まさにライフ　アズ　ハウスだ。

繰り返された増築に、さぞ複雑な外観になっているかと思いきや、手仕事とは思えない完成度。

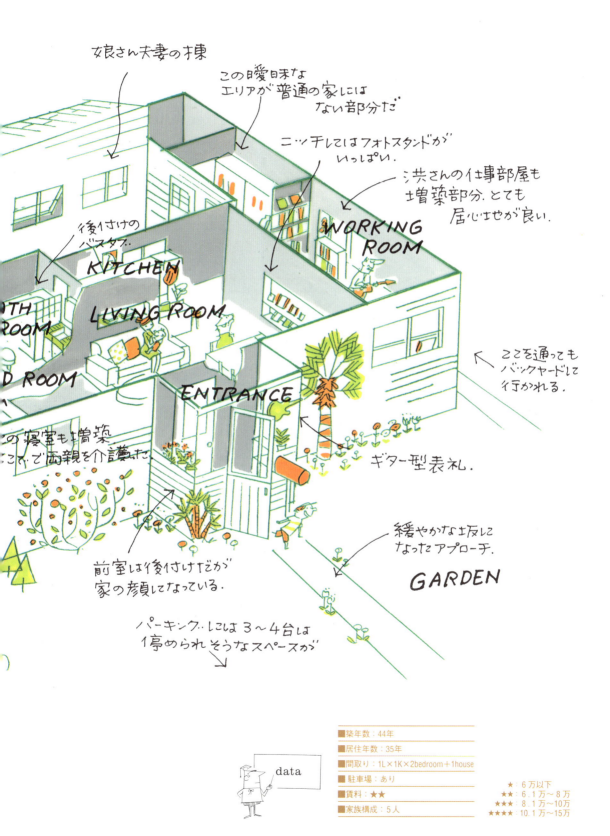

CASE.15

従業員が住み継いできた緑豊かな山裾に建つ平屋

伊東邸（埼玉県）

ドアがアルミ製に替えられてしまっているのが残念。1980年代に行われた基地騒音の防音工事から。やはりオリジナル木製ドアが見たかった〜。

眼前の鬱蒼とした斜面の上は米軍が接収していた公園。地方の親戚宅にでも来たかのような風情。これを「何もない田舎」と評するか、「いい環境」と評するかで、あなたの精神的イナカッペ度がわかります。

ハウスは区切られていない靴の脱ぎ場所をどうするかが勝負だが、パーティションで目隠ししつつなかなかうまく確保している。

ドアを開けるといきなりリビング、が米軍ハウスお約束。毎度ここを開けるときがワクワクする瞬間。

伊東さんと出会ったのは、同エリアにある米軍ハウスをコンバートした老舗バーの店内で。店員として働いていた伊東さんの爽やかな接客態度に、ぜひ住まいを拝見させて欲しいと依頼。すんなりと承諾いただき改めて伺ってみると、まぁどこかに旅行に来ちゃったような風景。この界隈はよく来ていたので慣れてはいたものの、なんだろうかこのワンデイ・トリップ感は。

なんでもこの平屋はお店の歴代店員さんたちが住み継いできた「寮」的米軍ハウスなんだという。ということはその方々が作り残した「遺産」も残っているかも。これは面白そう！と独身寮FLAT HOUSEの取材を早速開始した。

広さは玄関部分を入れて10畳ほど。採光は北側の腰窓のみだが、キッチンから入る光で暗さは感じない。家具は前住人から受け継いだ品が多く、不自由はなかったという。

Living room

玄関側には2人がけのカウンター席が。こういう場末感漂う（失礼！）スナックのような方向へもイケるのがまた米軍ハウスの面白さ。

左奥がキッチン、中央の白いドアがバスルーム。グリーンの中間色のフレイムとクリーム色の壁面がいかにも戦後のアメリカ的なツートーン。そのせいか、貼られた英語のアドバタイジングや柱のウイスキーディスペンサーがとても自然に映る。

リビング方面を臨む。張り直した形跡はないのでオリジナルだと思われる床は明らかにリビングよりも板の幅が広い。天井は私の好きなグリッド仕上げ。

どの部屋も全体的に採光量が多い伊東邸。中でも寝室はとても明るくて居心地が良いのだが、深夜勤務が多く朝が遅いため明る過ぎなのだとか。うまくいかないものです。

オリジナルの作り付け収納はよく見るが、この3段タイプは珍しい。なかんずく最下段の引き出しは初見。ハンドル類もすべてオリジナルと拝察。

誰が残して行ったのか、窓にはかなり長い間使われた形跡のないオーニングが付いている。福生市にもこの手のオーニングがたくさん取り付けられたハウスを見たことがあったが、米軍ハウスに夢を抱いて住んだ昔日の入居者の切なき軌跡を見る思いだ。

玄関方面から庭を臨む。左にあるプレハブはもちろん後置きで住人が納戸として使い継いできた。これが建つ前はカーポートのスペースになっていたはず。当時のアメリカ人よりも今の日本人の方が明らかに物持ちになったという証でもある。

家の南西にある庭は5〜6坪はあるだろうか。隣家との仕切りは白のピケットフェンスにし、ハウスの雰囲気を出しつつ空の借景を広く保っている。このくらいのサイズの庭が借家とはいえ欲しいものだ。

 Garden

庭の反対側は空き地。屋内の採光量が多いのはこのせいでもあろう。こんな立地は都心部ではまず拝めない。往時はこちら側にもたくさんのハウスが建っていて、さぞアメリカの郊外的景色が続いていたのではないか。これもある意味「兵どもが夢のあと」である。

ニッチ化しているが、元々はフタが付いたキャビネットだったはず。物入れひとつとっても壁埋め込みにしているわけだから手間がかかっている。

壁面の白ペイントもあってトイレ部分も明るさは申し分ない。どこかの島のプチホテルにでも来たかのよう。

エプロンなしのむき出しバスタブはハウスではよく見かける風景。元々のタイル製を取り崩して置いたためにこうなった経緯だが、汚らしいというという意見もあれば、南米のファベーラやスラムみたいで悪くないという大らかな見方もあり、賛否が分かれるところ。ケースバイケースではあるが、たとえ貸家でも長期間住むということならば、交渉してもう少し雰囲気のあるものに交換させる手もあろう。何事もネゴシエイトだ。

天井はおそらく木板がオリジナルだったはず。永年の湿気で腐食したか何かで金属板に替えられたのだろうが、これはこれで雰囲気がある。左側のフシギな黒い四角穴はおそらく前代釜のダクト孔ではないか。

音 楽活動を傍らで続ける伊東さんは、この平屋を「音が出せる安価な物件」として選び、ジツに「普通」に暮らしていた。もちろん、壁にギターを臆することなく飾れたり、庭先でお茶が飲めたりと一般的な賃貸住宅では難しいことがここではできているという自覚はあるだろうが、是が非でもFLAT HOUSEでなければといった気負いはない。そこは、減ったとはいえこの手の物件がまだまだ残る郊外の贅沢な暮らしならでは。何せ勤務先がこんな社員寮を用意してくれるのだから。

キチンと自分の趣味を反映させながらも、米軍ハウスっていうのはそう力まなくたってこんなイージーな感じでも暮らせるんですよ、ということを体現しているような気ままな独身の住処らしい平屋であったが、世界第3位の経済国ならば働く兼業アーティストのために、これくらいの賃貸住宅がもっと当たり前にあっていいと思う。

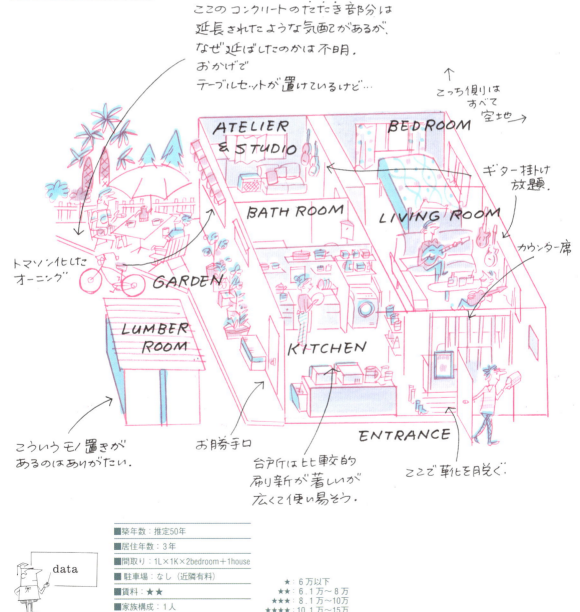

- ここのコンクリートのたたき部分は延長されたような気配があるが、なぜ延ばしたのかは不明。おかげでテーブルセットが置けているけど…
- こっち側はすべて空地
- ギター掛け放題.
- カウンター席
- トマソン化したオーニング
- こういうモノ置きがあるのはありがたい.
- お勝手口
- 台所は比較的刷り新が著しいが広くて使い易そう.
- ここで靴を脱ぐ.

data
- ■築年数：推定50年
- ■居住年数：3年
- ■間取り：1L×1K×2bedroom＋1house
- ■駐車場：なし（近隣有料）
- ■賃料：★★
- ■家族構成：1人

- ★　：6万以下
- ★★　：6.1万〜8万
- ★★★　：8.1万〜10万
- ★★★★：10.1万〜15万

もし
FLAT HOUSE以外なら、
どんな家？

もし、平屋好きがFLAT HOUSE以外に
住むとしたらそれはどんな物件だろうか。
庭がありアプローチがあり階上階下に気にせず
住めて味わい深い平屋以外の住居…そんな物件
あるのだろうか？ その答えになり得る
ひとつの物件として、和辻邸を訪ねてみた。

　和　辻邸はいわゆる「メゾネット」「テラスハウス」といわれる1階＋2階が一世帯となった家が連なる長屋スタイルの集合住宅。設計は洋行帰りの設計士で、元々は某放送局の社宅だったとか。
　パーツはほぼオリジナルで残っているし、経年変化から来る味わい深さだって決して平屋に引けを取るものではない。
　この家の場合、2階建てで隣家と密着していることと駐車スペースが家に隣接していない部分くらいが（もちろん平屋にもそうでない物件があるが）FLAT HOUSEと違うところだろうか。
　平屋物件の中に古いテラスハウスもオプションとして入れるのはなかなか賢い家探しなのかもしれない、と思わせてくれる物件だった。

短いながら玄関までの
アプローチがある。

リビングからの見晴らしは最高。

左/リビング奥はキッチン。そこから吹き抜け部分と一続きになっている。ここは大きく平屋と異なる部分。
上/フローリングの質感がとにかくいい。ハウスにもなかなかないテクスチャーだ。

それぞれの家に5坪ほどの庭がある。高台に立っているためさえぎる建物もなく空が広い。

data

- ■築年数：推定35年
- ■居住年数：1年未満
- ■間取り：2LDK
- ■駐車場：あり（有料）
- ■賃料：★★
- ■家族構成：2人

★ : 6万以下
★★ : 6.1万〜8万
★★★ : 8.1万〜10万
★★★★ : 10.1万〜15万

FLAT HOUSE COLUMN

217

CASE 16

明るい玄関と天窓が魅力
再開発の憂き目を逃げ延びた
SOHOの平屋

本橋邸（埼玉県）

芝生の上に敷かれた石段のアプローチ、濃茶に塗られた木製の玄関、二重のルーフ。周囲を見回しても、この旧き平屋だけが美しいファサードを保って建っているように見える。

この平屋のチャームポイントは玄関。前室を後付けした物件は多いが、こういう玄関然としたエントランスは見かけることが少ない。トランザム(明かり取り窓)のデザインは、この時代に建てられた文化住宅にもよく見られるスタイル。

右側すぐに半畳ほどの小上がりが。土間と部屋の高低差があまりないのが米軍ハウスだ。

玄関灯は左端にレイアウトされている。

入って左側には素通しの窓があり、そのおかげで玄関はかなり明るい。靴箱は作り付けのように見えるがリムーバブル。

短いながらアプローチがあるのがいい。プランターも並べられるし、これでグッと家の格が上がる。

外から見るとこんな感じ。夜はここから漏れる明かりが温かそう。

建築家である本橋さんからブログを通じて「我が家を見に来てください」とのメールを頂いたのは2010年の夏。この界隈は、つい数年前までまだたくさんの米軍ハウスが軒を連ねていたが、ほとんどが建て売り住宅開発の憂き目に遭い、取り壊されてしまったエリア。本橋邸はそれをかろうじて逃れた数少ない一棟で、小ぶりながら通常はない玄関も付いており、ハウス初心者にも生活しやすそうな物件。伺ってみると、よく落ち延びていたなあ〜と、つい家全体を撫でまわしたくなる衝動に駆られた。ここもまたかつての住人たちの置いて行った残渣（ざんし）が見られる稀少なFLAT HOUSEである。

リビングは10畳強の広さ。ハウスにしては狭い部類かもしれないが、冷暖房効率を考えるとこのくらいが結構ちょうど良かったりする。

モノトーンのモダンなドアはバスルームの入り口。おそらく近年にリペイントされたのだろう。これをワンルームなどで見かけるアルミのシャッターに取り替えられてしまうと一気に興ざめ。

天窓がある！これは明らかに後付け。採光が良くなり冬は重宝しているそうだが、真夏は暑いため布で遮光することもあるらしい。随分前に住んでいたオーナー自らが設えたそう。ダイナミックなリノベートに拍手。

バルコニーへ出る掃き出し窓上部にもトランザムが。この細かな建具の施しはオーナーの思い入れの証。

フロア材はオリジナルの様子。部材はタモだろうか、乾き具合がいい。

先ほどのモノトーンドアを開けると4畳ほどのバスルーム。部屋数と浴室のスケールはやはり比例するのがハウス。単身者かDINKSの兵隊向けに建てられた物件と拝察した。

シャワー下に付いているふたつのハンドルはトマソン。

壁からダイレクトに生えているカーテンバー、どうやって取り付けた??

細長の木枠窓。素通しガラスだが高さがあるので外からはアタマが見える程度。

キャビネットはハウスお約束の木製＋白ペンキ。ミラー付きとプレーンの2タイプが拝み合いで設えてある。

洗濯機が入っているためスペースは狭小。しかし個人的にはこのコージーなカンジは嫌いではない。

東側の6畳ほどの部屋は本橋さんの仕事部屋。フロアは居間と同じ床材が敷いてあり、オリジナル。2面採光で明るく仕事がしやすそうだ。

バスタブはステンレスに交換済み。コスト面からかサイズダウンされていることが多い。ハニカム形のタイルパターンやレンガによる枠付けが楽しい。

東側には半間のクローゼット。

天井はしばしば見るグリッド（格子）タイプ。白く塗りつぶされ陰影がキレイ。半纏がなぜかとても映える。

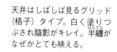

ファサードは切妻のふた重。後出の眞鍋邸が同じだった。建て売りならアルミ門扉と囲いを付けてしまうところだが、この時代のハウスにそういうセコい感覚はない。区画しないことで広さが生まれている。

Exterior

この角度から見るとやはり小ぶりさがかわいい。こんなふうに斜角から全貌を愛でることは、隣家とぴったびたに建つ都市部の住宅では難しいことだ。

隣地が空き地になっているためまるで自庭のよう。おかげでかなり風通しと日当りが良い。

こ の米軍ハウスが通算3軒目で、どの平屋もSOHOとして使ってきた本橋さん。中でも最もコストパフォーマンスが高いのがここだそうだ。建築家であるご本人は気に入って住んでいることは言わずもがなだが、それまで古い平屋に住んだことなどなかった奥さんの評価は極めて低いご様子。女性にはよくあることなので珍しいことではないが、取材中傍らで様子を眺めているうちに、それまで思いもしなかった古い平屋の持つ面白さや楽しさに少しだけ興味を持ってくれた。

ここでの生活を満喫してはいるものの、もうひと部屋多くバスルームも広めのハウスに移りたいとも考えているという本橋さんは、経済状況や心境の変化で住み替えることができ、それでいて持ち家のように愛着が持てる貸し平屋の利便性をよく知っている。彼もまたFLAT HOUSE以外は考えられないようだ。

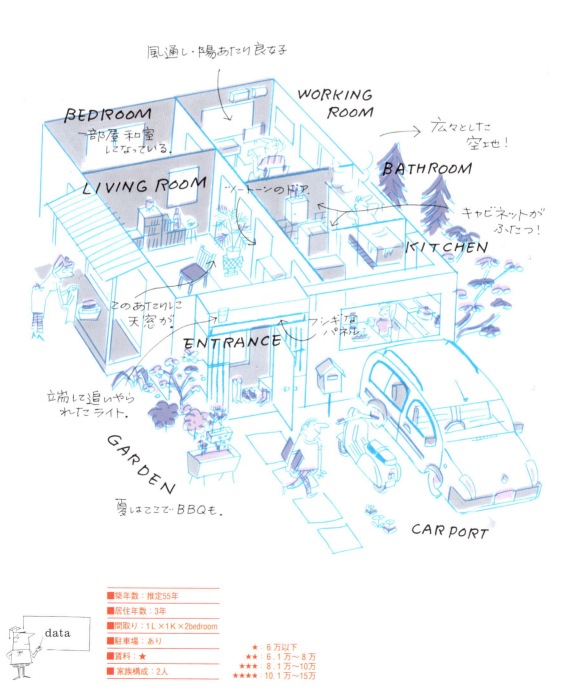

■築年数：推定55年
■居住年数：3年
■間取り：1L×1K×2bedroom
■駐車場：あり
■賃料：★
■家族構成：2人

★　　：6万以下
★★　：6.1万〜8万
★★★：8.1万〜10万
★★★★：10.1万〜15万

CASE.17

フリークの脳内世界を
ディスプレイする
広い庭とアトリエのある平屋

SKETCH邸（埼玉県）

もう1枚のドアが家本体のもの。靴を脱ぐスペースは米兵が住んでいたときはなかったはずで、後年入居した日本人が設えたものと考えられる。

上／アンティークショップに行けば高値で並んでいそうなこんなハンドルが、当たり前のように付いているのがハウス。
下／ドアの上半分は網戸になっている。入ると半畳ほどの土間があるのだが、このスペースは大抵後付けである。左にはちょっとしたシェルフがあり、靴や外に置けない燃料タンクの他、作品なども飾る。小さいながら住人を知るイントロ的な場所。

個人的に"米軍ハウスの住人"と言われて思いつくのがミュージシャン、写真家、そして画家・イラストレーターである。少なくとも日本人に貸し出され始めた1960年代はこういう職種の人たちの比率が高く、かく言う私も米軍ハウスに住まう絵描きなのだが、最近は皆どこへ行ってしまったのか。知り合いにも同業者のハウス住人はほとんどいない。

そんな中出会ったのがSKETCHさん。彼の作風は1950～60年代のアメリカン・サブカルチャーと大きくシンクロし、ときに『ロウ・ブロウ』と呼ばれるアートに分類される、海外にもたくさんのコアなファンを持つイラストレーターだ。そんな彼の自宅訪問はジツに楽しみだった。入ってみたら案の定、とにかく興味深い家。このエントランスを見たら誰だってワクワクするでしょう？

玄関を抜け、目に飛び込んでくるリビングは16畳ほどあろうか、いや、18畳近くあるかも……。いずれにしろ中堅クラス以上の軍人用住宅だったと思われる。居間の大きさを見れば、住んでいた米兵のクラスがおおむねわかる。

東側にはドアがふたつ。右のドアはキッチンやベッドルームへとつながり、左のドアは収納。それにしてもこのボリュームたるや。住み手の脳内ディスプレイに家がしっかり呼応している。

フロアは厚めのベニヤが張られ塗装されている。おそらくこの下にオリジナルの床があると思われる。

雑然と配された画材や作品が強烈に家とマッチする。こういうパティナな風情へのレスポンス度の高さが木造FLAT HOUSEの魅力のひとつ。

部屋を挟むように北側にも窓があり、3シーターのソファが余裕で置ける。応対してくれるコレクションたち、趣味の合う合わないにかかわらず誰でもつい見入ってしまう存在感。

りゃんこ張り（同じ寸法のものを一定にずらして張る方法）の天井は新建材にリノベート。フロア同様、天井は手直しされていることが多い。

壁はプリント合板。理由はわからないが後に張り替えられたものと推察。西側には腰までの窓が2面。隣家との境界の緑の反射がまぶしい。道具と作品が雑然かつ絶妙なバランスで混在し、ただの絵描きではない空気がプンプンする。

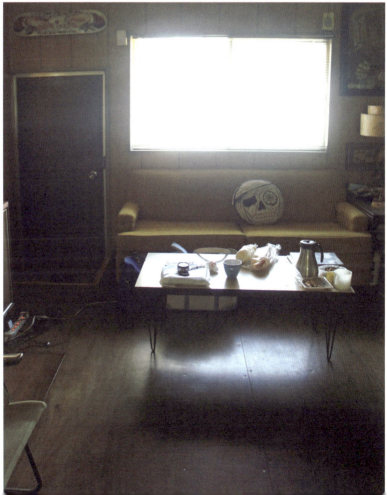

北側に物置が置いてある。このサイズが普通の家にあったならほぼ庭を占領されることだろう。

海外でも評価の高いSKETCH氏。愛車に描かれたこの部分だけでも欲しいファンがいることだろう。

門の方面を臨むこの風景、もうアメリカ南部。デルタ・ブルースが聴こえてきそう。

通りから見るとこんな門構え。屋根の低い平屋なのでファサードが見えず、まるで空き地に珍しい外車が放置されているだけのように見える。

緑色にペイントされた鉄製ゲートはすっかり錆び、可動が難しくなっていた。下半分フェンスが張られているのは、その昔庭に犬を放し飼いにしていた店子が住んでいたことがあるのだろう。

隣家との間にある木製のゲート、一般住宅ではまずあり得ない。このユルい境界意識が平屋ならでは。

愛車のフォード／エコノラインFalcon vanは60年代のモデル。滅多に見かけないエンスー車で、ルックスも年齢もハウスにマッチしている。

草刈り機は庭付き平屋の必需品。

作品に混じって
巨匠エド・ロスの
写真が.

広過ぎて持て
余している（?）

BED ROOM

こちら側の部屋
は床も壁も新しく
されてしまっていて残念.

西端に玄関、中央にはお勝手口、その横にはストッカー（物入れ）がある。バイクや道具の類いが置けるコンクリートのたたきは利用性が高い。

 Exterior

ドアは上2枚がガラスで最下段はベニヤ。通気孔付き。最上段のガラスには、なぜかペンキが吹き付けられている。

水道・電気も引かれており洗濯機が収納できる。ちょっとした「離れ」の感覚。

リビングの他にまだ3部屋が控えるSKETCH邸、ご本人は少々持て余してしまっている様子で寝室以外はほぼリビングに集約されていた。広さと環境の良さで入居したSKETCHさんだが、現在もう少し小ぶりな店舗付き物件への移転を検討しているとのこと。もったいないとも思えたが、いろいろ試した上での選択であるならば異論を挟む余地はない。自宅で何ができるのかのMAXを低予算で経験させてくれるのがまた平屋であり、試行錯誤の実験室として大いに利用価値がある。住人の世界観に圧倒されながらも、そんなことを思わせてくれたハウスであった。

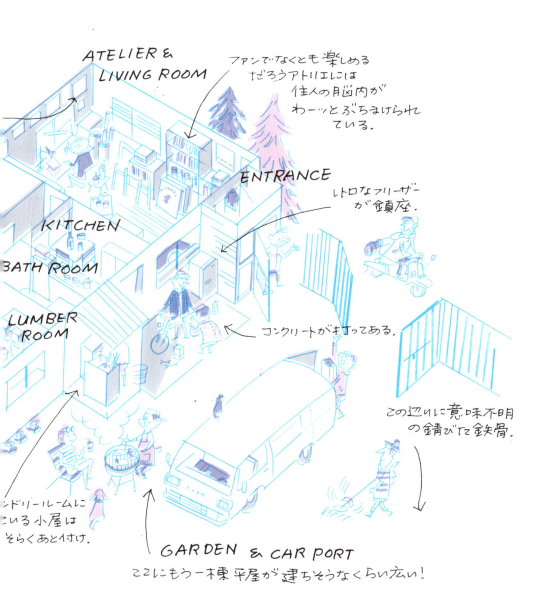

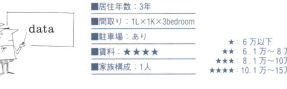

■築年数：推定47年
■居住年数：3年
■間取り：1L×1K×3bedroom
■駐車場：あり
■賃料：★★★★
■家族構成：1人

★　　 ：6万以下
★★　 ：6.1万〜8万
★★★ ：8.1万〜10万
★★★★：10.1万〜15万

FLAT HOUSE LIFE
COLUMN

FLAT HOUSEリノベート日誌

都下の平屋には「風前の灯」のような状態で、かろうじて建っている物件が少なくない。そんなFLAT HOUSEを自らの手で修繕・復元し、暮らそうとする人々が今増えている。その分、賃料は破格に設定してもらい、コストをリノベートに振り向けられるためオーナーも費用負担が軽くなるという一石二鳥、いや、古い平屋が蘇生し生き残ることを考えれば三鳥になるという仕組みだ。

BEFORE

現在玄関がある側の壁を取り壊したところ。室内はほぼオリジナルの状態。

バスルームも永年の汚れが溜まっていた。しかし、見る限りではまだ良い方に映る。この100倍汚れたバスルームを何度も見てきたので……。

各部屋のドアは濃茶色だったようだ。

通りに面した北側面のドア周辺は、モルタルの劣化が激しかったためドアを交換しながら修復する。

FLAT HOUSEリノベート日誌

こうして見ると米軍ハウスの床の低さがよくわかる。防湿のため現在の建築基準法では地面から45センチ以上の高さを取ることが謳われているから、この家を今そのまま再現することは不可能。

キッチンもほぼオリジナルで残っていた様子。キャビネット周囲の木製部分の腐食もそうひどくはないように見えるが、人が頻繁に往来し、立ちっぱなしになるシンク付近の床部分は水をこぼしたりすることもあって、傷みは相当ありそうだ。

壁紙にはカビが生えている。

雨漏りらしき天井板の波打ち。

昭和20〜30年代当時、東は調布市・小金井市・府中市辺りから西は横田基地のある福生市辺りまで、東京都下のいたるところに米軍ハウスの集落「ハウス村」はあった。前出の鈴木さんの住むFLAT HOUSEも、妻・美千代さんの祖父が昭和30年代に在日米軍人用に建てた洋式平屋であり、ハウス村の一角に位置する。

鈴木夫妻がこのハウスに移住したきっかけは、先述したように元々の住人だったピアノの先生の退去。その際、美千代さんがご両親にした「家族で住みたいから壊さないで！」という素晴らしい提案は、家族会議の審議を見事通過、家賃を払いながら引き継ぐという形で、晴れて集合住宅から憧れのハウスに移り住むことになった。

しかし、築年数が半世紀近い木造住宅である上、長期間同じ住人が住み続けていた物件ということもあり、やるべきメンテナンスが滞ってしまっていた状態。修繕する箇所は山積、経年劣化が予想以上に進んでいた。家族内での事案はクリアできても、住宅としての使用にキチンと耐え得るのかはまた別の話。そこで考えた鈴木夫妻、生まれてくる子供のことも考慮して、「修繕に増築も兼ねてしまおう」というこれまた素敵な答えに辿り着く。まさに一石二鳥であるが、かかる費用のことを考えるとそうそう喜んでもいられない。できる部分は自分たちでやろうと決意し、行動に移したのである。

UNDER CONSTRUCTION

傷んだ天井板を交換したり、壁のクラックをパテ埋めしたりと丁寧に下地補修をした後、再塗装をかける。

後付けされていたラック類はすべて取り外し、壁のクラックはパテ埋め処理。古い塗面はできるだけ剥離する。

取り壊した南壁面から1坪ほどを外にせり出させ、骨組みを張ってゆく。

でき上がってゆく増築部分。窓は壊された別棟ハウスから流用した。

屋根部分の製作。天窓も同様の建具を流用。

外壁の再塗装。少しずつ丁寧に塗り上げる。

FLAT HOUSEリノベート日誌

バスルームドア横のニッチの取り付け。素人とは思えない仕事っぷり。

か くして数ヶ月の期間をゆっくりとかけ、鈴木邸は蘇生した。とにかく、これだけの仕事を自分らの手だけでやってしまおうと一念発起した夫妻には大きな拍手を送りたい。何事もビビらずに取り組むことなのだ。これをきっかけに夫の普文さんは建築や設備を勉強し、道具を揃え仕事として成立させてしまっているというのだから、さらに脱帽である。天国のおじいさんもさぞお喜びのことだろう。

AFTER

雨漏りで波打つ板は交換され、壁と一緒にリペイント。

完成したてのリビングは、新築当時にタイムスリップしたかのような仕上がり。刷新されながらもオリジナルのテイストを損なっていないところが素晴らしい。

キッチンも見違えるようにきれいになった。据え置きファンヒーターの上にはキャビネットが新設された。

モルタルが剥がれ、ドアを交換した部屋はこんな感じに生まれ変わった。女子ウケ間違いなしのカラーリングに、愛犬も「どう？」と誇らし気。

CASE.18

ハウスからハウスへ。
平屋渡りの玄人が選んだ平屋

眞鍋邸（神奈川県）

玄関の部分が家の相似形が
ずれた感じになっている。
なかなか洒落た意匠だ。

左上に付いているのはエアコンで
はなく空気清浄機。

南東に開口を持つ明るいリビング
は約10畳。やはり腰板が取り巻
いている。シーリングファンとス
ピーカーは天井裏に上がって取り
付けた。

南側には小さなフィックス窓が設えられている。外から見てもなぜ取り付けたか謎だ。

玄関ドアは防音工事後のアルミ製。米兵の引き上げ後、日本人に貸すことを見越して最初から玄関を作っておいたハウスがたまにあるがここもそうらしい。

Entrance / Living room

眞鍋夫妻とはインターネットの米軍ハウス愛好家コミュニティで出会った。奥さんのみほさんが書き込んだ「我が家の隣が空いています」という情報を見て連絡し伺ったのが初見。行ってみると空き物件よりも眞鍋夫妻の住むハウスの方に興味が移った。床を足場板にセルフリノベーションし、薪ストーブが持ち込まれたリビングには、久し振りに作りこまれたハウスを見た気がした。

その後しばしばメールのやり取りが続いたが、久し振りに届いたメールは転居の知らせだった。聞けばまた近隣のハウスだという。しかも前の物件よりも古く、パーツもたくさん残っているという。その上家賃はぐっと安価になったとか。

これは見せてもらわねばということで急遽赴いた。「まだ越したばかりであまり片付いていないけれど〜」と奥さんのみほさんと心配顔だったが、いうに及ばず。「よく見つけましたね〜さすが!」のFLAT HOUSEだった。

全体的なオリジナル度は高い眞鍋邸だが、残念ながらフローリングだけはやり直されてしまっている。しかし、さすがハウスを渡り住む眞鍋夫妻、窓にカフェカーテンを付けるなど使い方が実にうまい。

Kitchen

奥には1畳ほどの小さなボイラー室がある。大家に交渉し洗濯機を置けるよう水道を引いてもらった。こういう交渉事も後々の生活に関わる大切な作業だ。

ユニットエンドにある作り付けストッカーのサイズがなかなかよい。こういう気遣いはそれぞれの平屋で違い、毎度感心してしまう。

天井がシャッターパターンに組まれている。こんなにくいデザインにいったい誰がしたのでしょう。

Bathroom

洗面シンクはオリジナルだが小ぶりだ。バスタブのサイズといい、これで米軍人は使えたのだろうか。その上にはお約束の後付け手作り棚が。角を落としたり奥行きを短くしたりとセンスがいい。

左／省スペース対応のタンク分離型便器。鎖を引くタイプの次世代タイプだろう。
上／レリーフが入った凝った造りのペーパーホルダー。こんな雰囲気のモノを付けても調和させてしまうのもハウスの底力。

とてもめずらしい真四角の浴槽。しかもオールタイル張り。内側タイルの方が細かいのは滑り防止のためだろう。気が利いている。

ハウスはこの平べったいプレスセメント瓦が主流。当時のローコスト材だったのだろうが、スレートを使わなかったところが良い。

カーポートから横に入るとインターロッキングのアプローチ。バイクポートの奥にはさらに2坪ほどの庭がある。

塩ビ波板のバイクポート。やはりハウスにはこのセルフビルドの木製ポートしか似合わない。

玄関脇に貼られた登録証のようなプレート。形と色にバラエティがあって楽しい。

Exterior
Back yard

カーポートの傍らに作られたちょっとした植栽。地面を使ったこういう小さな遊びが許されるのがFLAT HOUSE。

いい賃料の物件を探したらたまたまハウスだった、というような人たちにしばしば会うことがあるが、そういう人たちの住み方にはガッカリさせられることが多い。そのままアパートやマンションに移動してもなんら支障が無いといったもので、家はいいのにもったいないなぁという気持ちに毎度させられる。

　そういう人たちに対して、ハウス歴の長い眞鍋夫妻は如何にしてハウスに暮らすかの意識が高い。家選びのうまさだけでなく、インテリアの選び方も丁寧で備え付けられたものの活かし方に愛情があるのだ。

　7万円を切る賃料を探しあてた夫妻の粘り強さもお手本にしたいポイントだが、さらにその賃料以上の価値に高めて住んでいるところに注目したい。住居をただの箱と見ず、日々を過ごす重要な場所として、とてもマジメに捉えているということなのだろう。

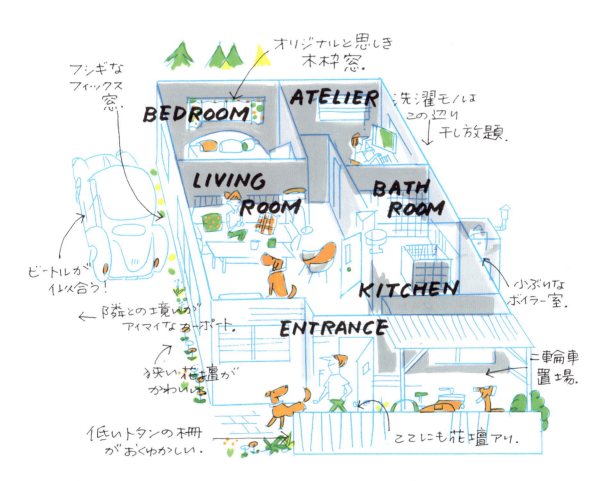

　外からだととてもそうは見えないが、建てられたのは朝鮮戦争只中という高垣邸。多くのハウスがベトナム戦争の時代に建てられたのと比べ、一世代前、築年数約60年と本書の中でも最古参の平屋だ。
　朝鮮戦争といえば1950年代の初頭、昭和20年代後半。まだプレスリーも石原裕次郎も世に出ていない時代。まだ敗戦間もない、といっていい時代である。

　そんな「還暦平屋」に暮らす高垣さんは、ご主人は版画家で奥さんはイラストレーター、愛娘のアンナさんは美大生、そしてペットは黒猫というまごうことなき芸術一家。
　こうして書くとどんなにスノッブかと思いきや、初見にもかかわらすあっさり家に招きいれてくれた実にフランクな方々。そんな垣根の低い芸術一家にお邪魔した。

CASE.19

芸術一家が暮らす還暦を迎えた平屋

高垣邸（神奈川県）

上／天井はポピュラーな「井の字」型。よく見られるこういう共通の意匠には、何か基準があるのか……。
下／タタキから上がりまでの高さが低い。ハウスは基礎から床までの高さが一般的日本家屋よりも低いのだ。
左／独立した玄関部分。米軍人が引き上げた後、日本人に貸すことを見越して作ったハウスのようだ。

広さは12畳ほどだろうか。センターテーブルを置いて本棚を配しても、まだ余裕がある。左側はキッチン、右側が増築したアトリエ。心なしか他のハウスよりも天井が高い気がする。

玄関方面を臨む。左側がアンナさんの部屋、右側が寝室。フローリングのヤレ具合を含め全体的に映画に出てくる洋館の雰囲気だ。

玄関に続く廊下。いきなり玄関とリビングがつながる大方のハウスと違い、日本家屋の構造を踏襲している。

上／版画家であるご主人、秀光さんのアトリエは前住人が作った増築部分。庭側に下りる片流れ屋根。
左／アトリエの番人は宮崎アニメに出て来そうな黒猫のココ。彼女もまた版画作品のよう。

昭和20年代当時、こんなにたくさんの調味料は国内になかったはずだから、スパイスラックは前住人の作り付けと推測。それとも米兵はこんなに使っていた?

それぞれの部屋に鍵が付いている。戦後プライバシーを持ち込んだアメリカらしい。

アンナさんの部屋は西側の一室。部屋の内側はリビングと違いアイボリーに塗装されている。

天井のペイントの剥がれ具合もまた宗教画に出てきそう。これらを塗り替えたりしなかったのは、さすがアーティスト一家。

作為的にやったとしか思えないような剥がれ方の壁。どこかの場所を示した地図にしか見えない。素晴らしい！

開けてビックリのバスルームはとにかく経年変化の様子がアーティスティック。パーツもほぼオール・オリジナル、バスタブも床もタイル健在です。

Bathroom

内側はとてもビビッドなブルーのツートーン。側面と底のタイルの大きさも変えてある。

10坪ほどのバックヤード。案内してくれていたアンナさんが、「昔はここでよく遊んだのになあ」とか「あ、ここってこんなふうになっていたんだ〜」などと独りごちていた。想い出も新発見も同時にくれるFLAT HOUSEという宝箱に住んでいるということを再認識しているよう。

現役で稼動している古い蛇口。

バックヤード側から見るとアトリエ横がガラス張りになっている。元々はサンルームか何かにするつもりで作ったのかもしれない。

玄関脇に貼られた小さなパネルは上から塗装されてしまっているが、「Owners Association Of Foreiner's Residence（外人住宅所有者組合）」と読める。登録証のようだ。

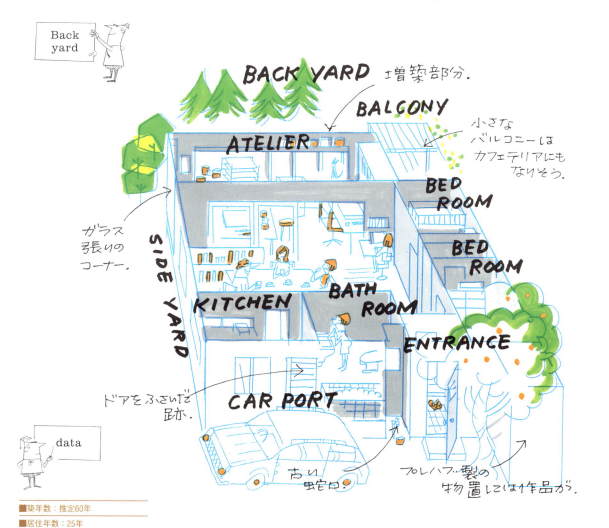

Back yard

BACK YARD　増築部分.
BALCONY
ATELIER
小さなバルコニーはカフェテリアにもなりそう.
BED ROOM
BED ROOM
ガラス張りのコーナー.
SIDE YARD
KITCHEN
BATH ROOM
ENTRANCE
ドアをふさいだ跡.
CAR PORT
古い蛇口
プレハブ製の物置には作品が.

data
■築年数：推定60年
■居住年数：25年
■間取り：1L×1K×2bedroom＋Extra
■駐車場：あり
■賃料：★★
■家族構成：4人

★　　6万以下
★★　6.1万〜8万
★★★　8.1万〜10万
★★★★　10.1万〜15万

FLAT HOUSE LIFE COLUMN

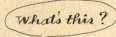

これがそのシャワーヘッド。当然オリジナルだろうが、戦前的デザインと質感がもう骨董品級。詰まってしまうのも仕方ないかと思えてしまう。(鈴木邸)

バスルームの壁から突き出した蛇口の唐突っぷり。こいつ実はシャワーだったそうで、ハンドルをひねったら管内の錆が水とともに押し流されてヘッドに詰まって止まってしまったという。それで止むなく蛇口をキャップ代わりに取り付けたという経緯。納得。(鈴木邸)

What's this ?

赤瀬川原平氏らが命名した"トマソン"は「形骸化した無用物」を指すが、それすらわからない「いったいナニこれ？」という現役時代用途不明なものがFLAT HOUSE内には共存していたりする。それを考えることで作り手や前住人たちの思考や生活経路まで読み解こうと思う…のだが…う〜んムツカしい。皆さんもご一緒にお考えください。

樹木の脇にある錆びた鉄骨は何かのホネ組か、それとも物干しか。う〜ん……いったいなんなのかは現家主にもわからなかった。(SKETCH邸)

What's this ?

寝室のスイッチプレート上にさらに取り付けられたスイッチ。このようにした理由が推理できない……なんとも不可解。(伊東邸)

玄関横にある何かを取り外した痕跡。いったい何が付いていたのだろう……。(伊東邸)

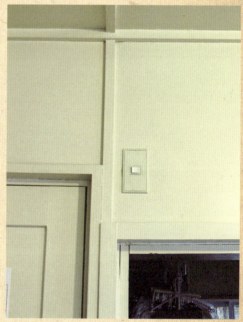
それにしてもおかしな位置にスイッチが。(本橋邸)

玄関上部の不思議なフレイム。よく見ると「ABE」と欧文。横文字用表札枠？ そのわりには日本姓。でも面白いものを作ったもの。(本橋邸)

太陽光発電？ いえいえ、リビング天窓です。黒く塗装してはいるものの、唐突感はそこそこありますね。(本橋邸)

FLAT HOUSE COLUMN

かわいいキッチンに英会話教室、
子供から大人まで集う平屋

塩原邸（東京都）

静かな住宅街の中にひっそりとたたずむ塩原邸だが、うっそうとした植栽が眼を惹き、つい足を止めて見入ってしまう。クリスマスにはリースやオーナメントが実に自然な感じに飾られる。

ご主人の塩原高旨さんと知り合ったのは15年ほど前。とある市営プールで出会った、元気のいい中年スイマーグループの中に彼はいた。

奥さんが米国人で、外国人向け平屋で英会話教室を営んでいるというので遊びに行ってみると、なんとそこは米軍ハウス！

立川より都心側にあるハウスを見たことがなかったので、こんな東にあったのかと驚いた。

それ以降、バースデーパーティなどの集まりにしばしば招待を受けたのだが、集まる人たちのコミュニケーション力の高さにまた驚かされた。「こういう人たちが集まるハウスとはいったい!?」という観点からも、当時ますますFLAT HOUSEへの関心が高まっていったのをよく覚えている。

30年以上一世帯に住まれ続けたため、数多くのオリジナルパーツが残る塩原邸をご堪能あれ。

玄関は実は増築部分。以前は映画に出てきそうなとてもいい感じの温室があった。

蔦に隠れてこっちをのぞくウサギは手作りの表札。

バスルームへの短い廊下はかなり暗い。そこに提灯とはさすが和洋折衷の塩原家。

年季の入った床と幅木と漆喰壁の競演。この素材感が解釈できるとハウス暮らしは楽しい。

増設部屋との間にはトマソン化した緑の扉が。以前あった温室に出るためのドアだった。

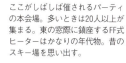
ここがしばしば催されるパーティの本会場。多いときは20人以上が集まる。東の窓際に鎮座するFF式ヒーターはかなりの年代物。昔のスキー場を思い出す。

ぐるっと見まわすだけで塩原家のことが概ねわかってしまう、まるで履歴書のようなリビング。

窓はほとんどがオリジナルの木製枠。劣化も激しいが、窓に映る借景の叙情性はサッシのそれとは比較にならない。

Kitchen

シンクは深めの正方形2層タイプ。まだ研ぎ石を使った「人研ぎ流し」が主流だった昭和30年代の日本家屋の台所と比べるとやはり断然進んでいる。奥さんのスーザンさんは「使いにくいし汚くてキライ」といっていたが、その割にはツートーンに塗り替えたりスパイスラックを作ったりしてキチンとかわいがっている様子。

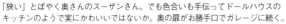

「狭い」とぼやく奥さんのスーザンさん。でも色合いも手伝ってドールハウスのキッチンのようで実にかわいいではないか。奥の扉がお勝手口でガレージに続く。

上／壁紙からのぞくスイッチパネルには、くっきりとタッチスクラッチが。左／マジックシェフ社のオーブン付きガスレンジは未だ現役。オスターライザー社のブレンダーにこれがないとハウスキッチンの役者は揃わない。

流し台と同じカラーリングに化粧されたチャーミングなキャビネット。中身はブレーカ。

換気扇はデザインからして70年代製だろうか。当初はこの真下にガスレンジがあったのだろう。

Other room

塩原夫妻は一部屋を教室として使い、近所の子供たちに長年英会話を教えてきた。貼られたポラロイドに写る子供たちの表情に、この教室がいかに愛されてきたかが見て取れる。

スーザンさんはこの部屋を案内しながら「汚くて〜」と何度もいっていたが、必ずしも新しいものが美しいというわけではない。なんと温かみと愛情に溢れた空間だろう。

天井に残された教え子達のラクガキ。この子たちももう社会人になり、海外で活躍したりするまでに成長している。

壁に貼られた絵、積まれたボードゲーム、ぬいぐるみ、そのすべてが教材だ。こんなかわいらしい空間が家の中にあるなんて、素敵!

こんなに色とりどりのクレージーパターンのタイルというのもめずらしい。バスルームははばオリジナルが残っていたが、この撮影の翌日に取り壊され、ポリ製のバスタブに交換されてしまった。残念……。

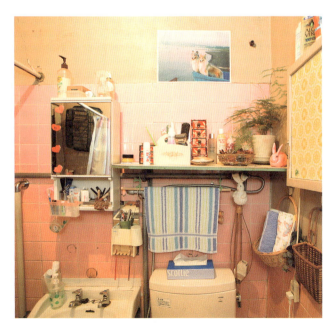

水周りが集中する東側。こんなに楽しげなバスルームは、やはり日本人にはないセンス。

住み手のセンスでカスタマイズされたキャビネットは木製のオリジナル。

10坪はあろうかという庭はインターロッキングと芝生で構成され、前者ではBBQ、後者ではピクニックが催される。庭で育ったグレープフルーツでマーマレードを作ったりと、都下FLAT HOUSEならではの楽しみ方を満喫している。

小さな裏庭に続くサイドヤードは主に愛犬の生活動線だが緑のガーデンアーチが美しい。

「引っ越してきたらガレージに置いてあった」という脚立とブリキのジョウロは、庭のアクセサリとしてリユースされている。

愛犬のゼンとルナが羽目を外し過ぎないよう柵の作り方にも工夫が見られる。

Garden

　しばしば招待してもらうパーティは、アラウンド60の人々ばかりだというのに、だれも年上風を吹かすことなく実にざっくばらん。まるで青年たちの集いに参加しているようだ。また、スーザンさんが腕を振るってくれたクリスマスパーティは、過剰な派手さはなく、日本の正月に近い空気感だということを教えてもらった。

　入居当時、周りはノリのいい独身外国人ばかりで、「毎晩がパーティだった」と思い出を語る高旨さんとは逆に、家のオンボロぶりを終始ぼやきっぱなしのスーザンさんだったが、このハウスは愛娘のアンジュリさんを産み、英会話を教えながら育てた想い出あるゆりかご。本当にいやならば30余年も住み続けはしないだろう。撮影中、平屋のそこかしこには家に対する愛情の本音が見え隠れしていた。

屋根付きガレージがある塩原邸。倉庫代わりにもなっており、ガレージセールの会場にもなる。

昔はこの木材と塩ビ波板の組み合わせをよく見かけたもの。左に見える薄茶色の扉はボイラー室。

Garage

塩原家の人々も見過ごしていた、アイビーの隙間の古い蛇口。

40年前のアドレスプレートが当時のまま。千社札のよう。

Shiobara House: Tokyo

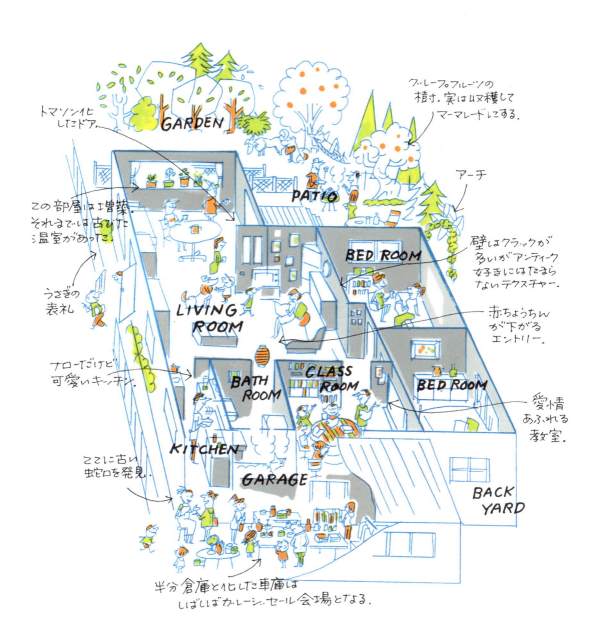

窓から漏れる暖かい灯の色といい前室であるショールームのぼんやりとした薄灯りといい、とにかく夕暮れ時の外観がいい、この家は。

CASE.21

「密林ハウス」から生まれ変わった夕暮れの似合う平屋

河田・加治佐邸（東京都）

ハウス事情に精通した人ならばご存知な方も多いだろうが、原生雨林に迷い込んだかのような、うっそうとした樹木に覆われたハウス物件がしばしばある。

大家が管理を放棄してしまったかのごとく、周囲には大きな木々が生い茂り、外壁は蔦で覆いつくされて全貌がまったくわからない状態で残る見捨てられたハウス——。誰もが借りようとすら思わない、そん

出入口は2カ所あるが、主にはキッチンのお勝手を使う河田さんたち。便利なところを玄関にする。このフレキシブルなところが平屋の大らかさ。

直に書かれた往時のアドレスがまだ外壁に残されている。「J」とはジャパマーハイツの頭文字。

西陽が入るキッチンは北向きなのにとても明るい。

　な「密林ハウス」に目をつけたのが、河田さんと彼女の加治佐さん。横田基地が管理した「ジャパマーハイツ」と呼ばれる物件群のひとつだ。

　勇気を出してダメ元で家主に談判してみると、自分たちで手直しするならば5万円で貸すという返答。決起した2人は木を切り分け、蔦をすべて自力で剥がし、出てきた外壁に再塗装をかけ内部に手を入れた。

Kitchen

1.

西側にあるシンクは前住居から持ってきたもの。作業テーブルとして活かされた。換気扇ユニットは80年代くらいのものだろうか。三菱製。

2.

コーナーの天板をずらすと洗濯機が出現。これも加治佐さん作。とてもシステマチックにできている。

3.

シンク下のキャビネット、右の食器棚は加治佐さんの作。

10畳ほどのリビングは河田さんのレザークラフトのアトリエになっている。どすんと中央に鎮座したテーブルとその周囲に配された機械や道具が、この家の放つ空気の中に自然に存在していた。

Living room

仕事道具がインテリアに。西陽が作る無骨なシルエットがよく映える。

奥にある前室までスッと延びたフローリングのラインが美しい。

基地の町ではこの手の空気清浄機が無料で設置される。下の木目のタイプはめずらしい。

サービスルームとして作られたと思われる河田さんの寝室は4畳ほどの小室。日本人にとっては居心地がよい広さだ

リビングから各部屋へは細長いエントリーを介して行くようになっている。オリジナルだろう、床のテクスチャーが本当によい。

加治佐さんのアトリエ。重量の木工機械を使った大型の作品が多いため傷んで傾いた床を潔く切除、土間に改修し作業場にした。こういった無茶を優しく許してくれるのがハウスだ。

上／ここには大きな樹木が数本立っていた。バックヤードとはいえ結構な広さがあり、作物だって実るし洗濯物もよく乾く。
右／家横に増築した出窓はギャラリーになっている。延びた石段が来客を誘う。

ギャラリーから隣家を臨む。跳ね上げ窓から見た借景はどこか退廃的で、壁の質感も植物の群生も実にフォトジェニックだ。

密林ハウス改修エピソード
ハウス転居は撤去との闘い!

外観が蔦で覆いつくされた「密林ハウス」が多い横田基地界隈。ここに移り住む前は、下町にある2階建てに6人でシェアリングしていた河田さんと加治佐さん。そこは、目視でも傾いているのがわかるほどのボロ家だったため、何があっても驚かなくなっていたし、セルフリノベーションも履修済み。そんな彼らにしてみたら、「密林ハウス」などカワイイもの。破格賃料をインセンティブに、果敢に改修にとりかかった。

転居に当たっては、まず家を取り巻く樹木を取り払う作業に終始したという。周囲を包む蔦剥がしは丸3日間を費やし、やっと外壁を覗かせた。

屋内は屋内で敷き詰められた古いカーペットの上には泥がびっちりと載り、前住人が残したガラクタでゴミ屋敷の様相。入居後も外壁の再塗装には軽く1週間かかり、リノベーション総期間は約2ヶ月を費やした。とにかく「転居は撤去の日々だった」という。

改修前は蔦に覆われこんな感じ。

エントランスはほとんど樹海だった。

蔦を剥がした状態。壁には蔦の跡が爪あとのように残る。

使えるものは捨てずに分別し、リユースする。

物見遊山に来た近所の子供たちが塗装を手伝ってくれた。こんなカワイイつながりができるのも平屋ならでは。

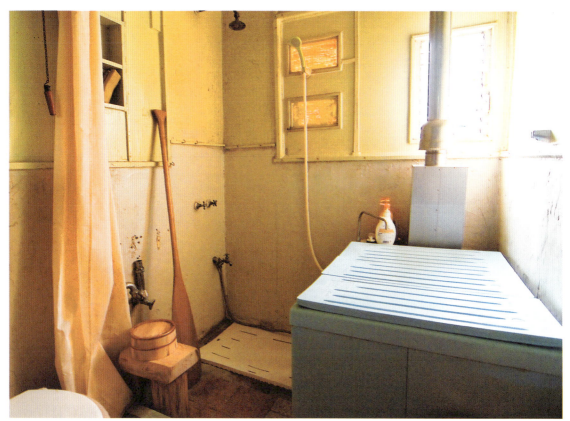

先述した経緯から見てもここも相当手間ヒマをかけてきれいにしたに違いないが、おかげでオリジナルパーツは残された。2人もその部分を尊重して使っているようだった。

どうやらオリジナルではなく前住人が取り替えたものようだが、実にフシギな窓。

右の白いシャワーのみ稼動。中央の金属製のカランはトマソン。ここからお湯が出るところが見たい！

鎖を引っ張り、落差を使って水に流す最古のタイプ。

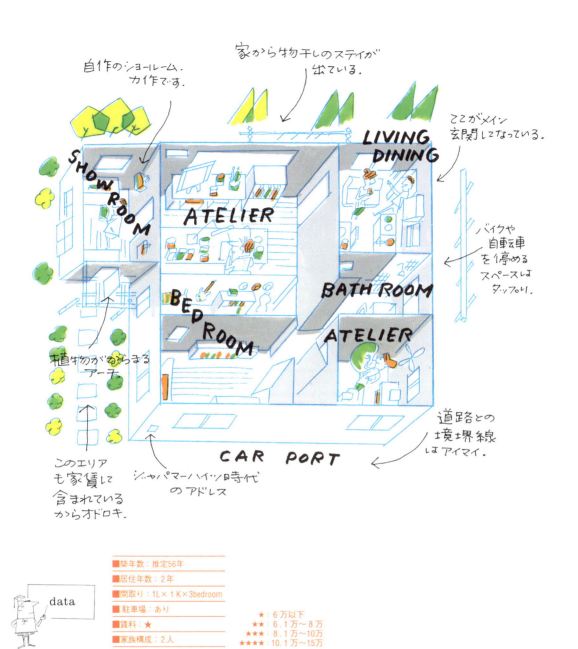

■築年数：推定56年	
■居住年数：2年	
■間取り：1L×1K×3bedroom	
■駐車場：あり	★　　：6万以下
■賃料：★	★★　：6.1万～8万
■家族構成：2人	★★★：8.1万～10万
	★★★★：10.1万～15万

理想の住処探しを日々の生活のインセンティブにすることは意味のあることだが、そこに妥協を加えないことは難しい。しかし、努力と行動力で限りなく理想に近づけることは可能だ。それを見事に実践し、6万円を切る物件を探し上げ、その上自らの手で「密林ハウス」を一新させることに成功した河田さんと加治佐さん。こういう人こそ真に「勝ち組」と呼ぶにふさわしいのではないか。

「これがあのボロボロだった平屋とは思えない！」近隣住民は皆そう呟いているだろう。清掃はもちろん、がれき片付け、木の剪定、塗装、ガレージの増築、シロアリ駆除まで自らでやって蘇らせたという奇跡のFLAT HOUSEなのだ。

CASE.22

ガレージやパティオまで自作
プロレタリア・アーティストによる
セルフリノベートの平屋

大澤邸（東京都）

玄関は意外にもかなり一般的なアルミの引き戸。ここは大澤さんが一番取り替えたいところらしいが、その周囲の気の遣いようはやはり素人離れしている。アクリル板でカバーされた赤い表札はどこか店舗的。

ガラリと開けるとなんと洗濯機がお出迎え。これまでたくさん平屋を見てきたが、玄関に洗濯機が鎮座していたのは初めて。しかもドラム式。同じ文化住宅の居住経験者としては、よく考えたなあと改めて感心する次第。

家の西側と隣家の間にアプローチがある。この景色と戸袋に描かれたステンシルを見れば、誰もがお店と思ってしまうはず。

CASE.22

ガレージやパティオまで自作
プロレタリア・アーティストによる
セルフリノベートの平屋

大澤邸(東京都)

玄関は意外にもかなり一般的なアルミの引き戸。ここは大澤さんが一番取り替えたいところらしいが、その周囲の気の遣いようはやはり素人離れしている。アクリル板でカバーされた赤い表札はどこか店舗的。

ガラリと開けるとなんと洗濯機がお出迎え。これまでたくさん平屋を見てきたが、玄関に洗濯機が鎮座していたのは初めて。しかもドラム式。同じ文化住宅の居住経験者としては、よく考えたなあと改めて感心する次第。

家の西側と隣家の間にアプローチがある。この景色と戸袋に描かれたステンシルを見れば、誰もがお店と思ってしまうはず。

郵便受けにも屋号のステンシル。こういう部分にも手を抜かない姿勢には感心。

香月邸にもあった内外両用の行灯型常夜灯。内側が破損していたため和紙を張って使っている。

小上がりの手前にはもう1枚白くペイントされた木製の引き戸が待つ。これがあるかないかで冬の暖房費が変わってくる。

散歩中、カフェかと思って覗いた文化住宅は「住居」だった。丁寧に塗り上げられた外観、砂利が敷き詰められたアプローチ、ほど良く手が入れられた緑、ルーバーと帆布に囲われたスペースは庭だろうか……。そんな高い完成度を見るにつけ、いやいや、やはりここは店舗でしょうと考え直し、思い切って呼び鈴を鳴らすことに。いきなりの訪問者にちょっとびっくりした感じで応対してくれた大澤さんは、やはり「住人」だった。

それにしても細かに手が加えられている。それもそのはず、大澤さんはそのがっちりした体形には似合わないほど繊細な仕事をする職人。といっても芸大を出た彼はアートへの深い解釈がなければできないような仕事を請け負うフリーランサーである。

後日改めて伺い、ディテイルを細かに拝見。彼の仕事っぷりがそこかしこに見られ、ここに住むようになった経緯やその後の生活のエピソードも含め、驚きと感心のFLAT HOUSEだった。

Kitchen

玄関左側のドアはトイレ。このキッチンを経由し、他の部屋に行くようになっている。

私の前居もそうだったように、玄関を上がるとすぐキッチンがあるタイプの文化住宅は少なくない。この平屋は5～6畳のスペースと狭小だが、当時の日本人の体格やライフスタイルからすれば標準的だったのだろう。しっかりと整理されており、うまく使っている。

シンクはかなり小さいが、蛇口ハンドルを替えたり浄水器を付けたりと使いこなしている様子がうかがえる。右のタワシがかかる板にあった瞬間給湯器を、お勝手口に横移動させたことで随分スッキリした。

玄関側。エンボスガラスから入る光がきれい。キャビネットは玄関から入ってきた靴箱。アンティークではなく現行品だが、うまくチョイスしている。

お日様型の音孔が開いたブザーはオリジナルだろうか。サイドをきれいに塗ってかわいがっている。その上に見える丸いものは香月邸にもあったスイッチケース。

すっかりホワイトに塗り上げられてしまったガス栓。入居時、汚なさに耐えられずつい過激になってしまいましたと告白する大澤さん。気持ち、よくわかります（笑）。

向こう側の寝室との通路はふさいで収納スペースに転用、「プラスチック家具は隠して使う」を実践している。こういう気遣いができるか否かで、住み手の「生活すること」への真剣度合いがわかる。

さすが日本家屋！とつい発してしまう閂(かんぬき)付のトイレ扉。上部に開いた丸孔は、灯りの消し忘れチェック用に大澤さんが開けたもの。

便器は洋式に替えられているが、部屋自体は以前のまま。とても清潔に使われている印象から、かつての「厠」的面影はない。

文化住宅特有の狭小サイズだが、天井まで白く塗ることで閉塞感は軽減されている。

キッチンキャビネットとドアの間に80センチほどの隙間をかせぎ、脱衣場を作った。この創造性には脱帽。

Bathroom

4畳半ほどの風呂場はバスタブ部分がトレンチ（壕）になっているタイプ。新築当時は風呂釜が外に出ていた可能性もある。採光は良く、ジメジメ感はナシ。

洗面台は大澤さんの自作。文化住宅にはこの洗面台がないことが多く、そこがネックとなって入居者が入らないことも少なくない。スペースがあれば大澤さんのように思い切ってセルフクラフトすることも手である。

リビングは6畳間の和室を板敷きにして洋間にリノベート、柱と梁は濃茶にリペイントした。左奥に見えるのがキッチンと脱衣場。

（シャレのようだが）ミュシャの模写は大澤さんの筆によるもの。名画を家の壁に描いたり、テーマパークのエイジング仕上げなどの仕事を請け負っている。

家の南東に位置し庭に面している。サッシはオリジナルの木枠窓。窓際に見えるケージはウサギのお家。

奥さんのドレッサーは米軍払い下げ家具。このV型ハンドルは中でも古いタイプ。

ダブルベッドを入れるとほぼいっぱいの寝室だが、パソコンデスクや小ぶりのチェストならなんとか入る。私も経験があるが、これはこれでなかなかコージーなもの。冬場は寝室に朝食を持ち込んだりもした。

大澤邸の庭は2カ所。ひとつはパーティションで囲ったこのバルコニー部分。防犯も考えてのことらしいが、箱庭のような仕上がりにそういった物々しい目的は聞くまでわからない。

西側を臨む。縁側と反対側にも同じ高さのベンチを設え、向かい合って座れるようになっている。屋根もしっかり付いているため、雨天でもここで宴が開けそう。

左／延長部分は普段開口しているが、必要時にはシートを張ってオーニングが可能。
右／植栽コーナーも充実。FLAT HOUSERは植物の手入れも実にマメでうまい。

上/上は採光面から帆布で、下は通風面からルーバーで囲った。よく考えられている。
左/やはりここから外へ出ることだってあるだろうから出入り口は必要。ちゃんと作ってあります。

上/こちらがもうひとつの庭。アプローチの奥にあるため中庭にあたる感じだが、ここは南欧風に「パティオ」と呼びたい。だってこの葡萄棚の下でお茶を飲めば、そのままワインに替えて酒宴に突入しそうでしょう？
下/ここをこんなふうにきれいに囲い、葡萄を垂らして中庭化させようというのは貸家ではなかなか想像しにくいことだ。ちょっとの間、仕事道具を預けておけたりもするユーティリティの高いスペースでもある。

大澤邸の真骨頂はこのガレージ。家屋の裏、北側部分に広いスペースがあることに目をつけ、たちどころに作り増してしまった。増築した平屋はしばしば見かけるものの、ここまでの完成度のものは珍しい。こんな空間がある貸家をうらやましく感じる人は相当数いることだろう。

バイクの車庫だけでなく、仕事の道具置き場やアトリエも兼ねたたっぷり充実のスペースとなっている。この収容量を考えれば、家賃のコストパフォーマンスはかなり高いといえよう。

これがやりたくて周囲の空間がたっぷりある都下の平屋に住みたがる人は多いけれど、ここまできっちりやれる人は少ない。

Garage

波板を使うことでゲートが軽量化されたため、一枚扉の片観音開きでも開閉が成立する。

50年経つ文化住宅とはかけ離れた外観は、カフェかはたまた隠れ家的料亭かといった風情。私以外にも間違えて覗く人が後を絶たないとか。

とても上品に見える一因に、セメント瓦の再塗装がある。劣化していることが多いこの手の瓦をシックな色合いにリペイントし、防水の役割も兼ねさせている。登って1枚ずつ塗ったわけだから、熱量の高さが並みではない。

寝室窓の雨戸は漆喰塗料が塗られ、和モダンの雰囲気を醸している。

破風は定番のガラリ（通気孔）付きの漆喰塗り。ここが外部からしっかり確認できない物件はFLAT HOUSEとは呼びたくない。

Exterior

国立美大を出た後も、筆を手放すことなく手仕事を生業としてきた大澤さん。食べられるようになるまでは紆余曲折あり、現在とて苦労の連続であると聞く。そこは同業者として痛み入るほどわかったし、この平屋がそんな住み手の安らかな拠り所になっていることもとてもよく理解できた。平屋をアトリエ兼住居とする自営業者同士の以心伝心といったところだろう。

とにかく、仕事と同じくらい一生懸命手を動かして暮らす大澤さんの意識の高さには敬服した。このFLAT HOUSEに住んでからも、汚れ切っていた貸家周辺を公私分け隔てることなく片付け、清掃し、剪定し、修繕を休まず、見違えるほどキレイな平屋集落に生まれ変わらせているのだ。それを目の当たりにしたオーナーが2年後にするつもりだった取り壊しを無期延期にしたというエピソードには本当に感銘を受けた。労働者階級と芸術家を組ませた造語をタイトルに付けたのは、そんな大澤さんの怠らない暮らしの努力への畏敬の念からである。

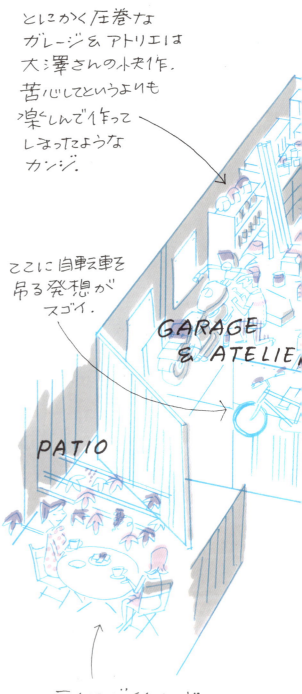

とにかく圧巻なガレージ＆アトリエは大澤さんの快作。苦心してというよりも楽しんで作ってしまったようなカンジ。

ここに自転車を吊る発想がスゴイ。

GARAGE & ATELIER

PATIO

元々はバイクヤードとして使用していたスペースの中庭。奥さんの実家から移植して来たブドウ棚が見事な寛ぎのコーナー。

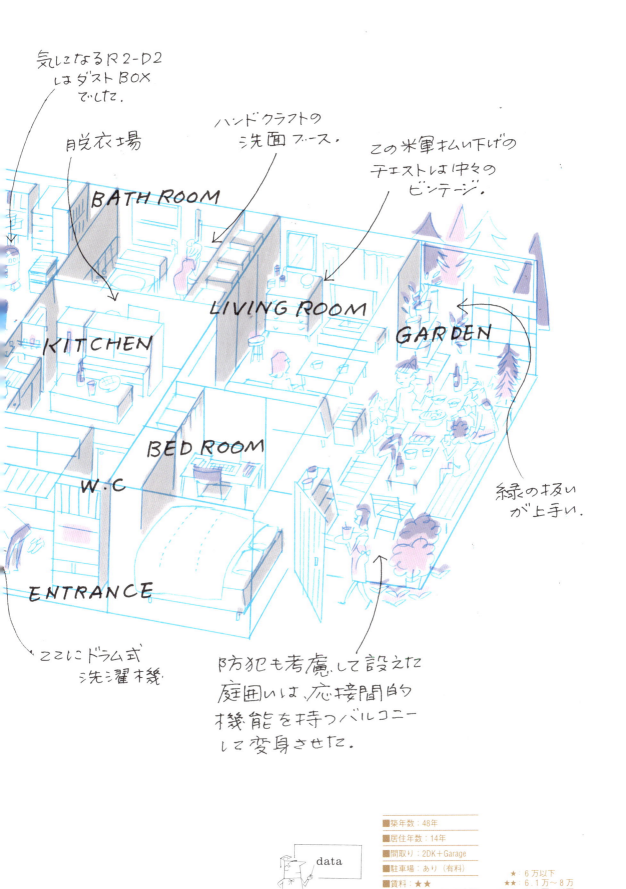

CASE.23

基地の街の外れに残された
集落にある長屋型平屋

猪鼻邸(東京都)

上／ステップを2段上がると玄関。ドアは木製からアルミサッシに交換済み。この無粋な建具は、80年代公的予算を使って基地周辺住宅を対象に行われた、大規模な騒音対策工事の遺物。
下／庭の柵横がアプローチ。コンクリで"歩み石"が短く敷かれる。

上／雨避けの軒にフシギな"塞ぎ跡"を発見。家主同意の元でめくってみると…
下／な、なんと玄関灯が出現！「今までまったく気付かなかった！」と猪上さんも眼を白黒。こういうサプライズも古家の面白さ。

ブザーはおそらくオリジナル。ご丁寧にも丸形に抜かれた木製台の上に取り付けられている。

　かつて米軍ハウスのほとんどは集落となって建っていた。ひとつの街としてあったエリアさえある。それが半世紀経った今では、大部分が取り壊されて和式二階家に取って代わられ、それらの隙間に僅かに残存する程度となってしまった。未だ残るハウス集落もあるにはあるが、概ねは「たまたまそうなっただけ」であり、再開発間際の"風前の灯"であることがもっぱら。そんな中、基地があった街／JR立川駅より伸びるモノレール駅から徒歩圏内に〈Xエリア〉と住人ら自らが称する米軍住宅の集落があることを耳にした。運良くそこで生まれ育ったという女性と友人宅で出会い、彼女に紹介してもらうかたちで猪上さんのハウスの取材は実現した。早速行ってみると長屋のごとく並列したFLAT HOUSE群が出現。小ぶりな白いハウスにそれらを繋ぐように設えられたガレージ、各家の庭を取り巻く可愛らしいアイアンの柵。他に類を見ない外観も併せ、日頃からよく通る界隈にも拘らず見落としていた秘境のようなハウス群ということもあって、心が逸る。さて、その全貌やいかに。

正面左奥の玄関ドアを開けるとすぐ繋がるリビングは、10〜12畳と日本人が使うには充分。空調効率を考慮しつつオーディオセットやソファをも置けるという意味では理想的な広さではないか。

東側。右奥のキッチンへと繋がる開口部がアーチ型に抜かれている。壁上方はなぜか砂壁の壁紙が貼られているが、剥がして再塗装したい衝動に駆られる。

冬場にリビングで温められた空気が他室へ廻るよう開けられたベンチレーションは、日本人が住むと冷気を居間に流す「悪魔の通気孔」へと変貌する。

フロアはタモ板と思しきオリジナル床が光沢も豊かに美しく残る。これだけでも高ポイント。

6畳ほどの仕事部屋は北側だが陽当りもまずまず。ドアはオリジナルだが床のCF（クッションフロア）は以前の住人が張って出て行ったものだろう。

左上／バスルームは入ってすぐ左に洗面台、右にトイレボッド、窓下に浴槽という典型的なハウスのレイアウト。バスタブはステンレス製に刷新されているものの、他パーツのオリジナル度はかなり高い。

上／注目は床の市松タイル。これがこのコンディションで残っていることは特筆すべき。

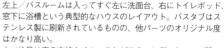

造り付けのメディスンケースがあるというのに、もう一台東プラ製の大きなものが吊るしてある。大所帯の世帯がかつて住んでいたということなんでしょうきっと。

二層式の洗濯機が入るとかなりクラシカル感が出てそう悪くない。ハウス住人にはドラム式派も多いが、これは意外だった。

ドアのカギは煽り止めを含めて3本。ペイントロスといい、テクスチャーが最高に良い。

上／洗面台は角張ったデザインの伊奈製陶（現LIXIL）製オールドシンク。落水を防止するベゼルが廻してあり、ブラケットで下部から支えている。
右上／木製の造り付けメディスンケースは壁埋め込み型。最下段のみフタがない。

Bathroom

鳩マークは昭和43年以前の製品に付く。

これまたあまり見かけない逆ティアドロップ型のシーリングライト。スタッズのようなレリーフが隙間なく並び、なにか南国の木の実のよう。

ハウスに限らず文化住宅でも見かける円筒型ライト。これもキチンと木製のベース上に付けられている。

上／トイレットペーパーホルダーの上に設えられたキャビネットは初見。こんなものが付いたハウスは他に類を見ない。アルミ製サッシだが元は木製だったのだろうか。気になるが良い建具だ。
下／キャビネットの真下が凹んでおり、その足下には電源とガス栓が付いている。前者はわかるにしても後者はヒーターでも繋いでいたのだろうか、目的をはかるのが難しい。

6畳ほどの台所で眼を惹いたのが流し台上に造り付けられたキャビネット。底部がタイルでしっかり造作されている。こんな建具もまた初見。

Kitchen

縁日で売っているようなセルロイド調のウルトラマンのお面がネコと一緒に西日のあたる台所の壁で火の用心を促している。

レンジ上にはこれまた不思議な窓がふたつ。開けることができず結局何だか判らなかった。

どういう意図で作られたかが謎な底部と不思議な傾斜角。でも、なんだか良い。

左／隣のハウスとの間のスペースに屋根を付けてクルマを置けるようにしたといった体のガレージがあり、各棟右隣が自宅の車庫となる。建材も節約できただろうし中々良いアイデアだ。
上／このドアが猪上さん宅の勝手口。雨に濡れずに乗り降りできるだけでなく、物置きや作業場としても利用できるなど利便性が非常に高そう。

Garage

天井は船底天井。片流れにでもした方が工事も簡単だっただろうに屋根は切り妻型になっている。外観に対するオーナーの拘りが伺える。

上／リビングの掃き出し窓外にはバルコニーがある。ネコの額ほどだがこのくらいのサイズもコージーでいい。気候の良いときは応接間の代わりとしてここで呑んだりもできる。
下／猪上邸は、長屋の一番東端の棟なので側面がある。奥行きはあまりなく、その分天井が高い印象。切り妻屋根でガラリは鳥居型。

ガレージの裏側にはバックヤードがある。日本人からすると、要るのかこの空間?とも思うが米兵家族は洗濯物を人目に触れないここに干したりしたのだろう。屋根を自設するなどすれば工房や趣味のアトリエとして使える。

前出のアイアン柵は、こんな感じにざっくりとアーチを描き各棟に庭を確保させている。幼稚園にでも来たかのようで、和む。

グラフィック・デザインを生業としていた猪上さんは2013年に急逝した音楽家、"都下の巨星"である大瀧詠一氏の大ファンで、この物件に入居したのも彼の影響が大きいという。大瀧氏は瑞穂町のハウスを音楽スタジオに改装しそこで多くの作品を吹き込んでいる。60〜70年代彼と同じ《はっぴいえんど》に在籍していた細野晴臣氏も同じく狭山のハウスでレコーディングしており、影響力の高い両者ゆえハウスを礼拝するうちに住人になってしまうコアなファンは少なくない。

大瀧氏が81年にリリースした『A LONG VACATION』で大ブレイクを果たしたあとも、都心には向かわずに都下の米軍ハウスに住み続けたということは知る人ぞ知るエピソードだが、猪上邸やXエリア全体を見ているとモノをつくる職を生業とする人々にとって東京都下のこの界隈は、活動しやすい・暮らしやすいというほかにも惹き付けられる「なにか」があるエリアなのだなということを改めて認識させられる。もちろん自分のことを含めて、である。

毎年GWにはエリアXの住人たちが敷地内を開放してイベントを行っている。かつて米軍人たちも週末となれば庭先にコンロを持ち出し、BBQパーティを開いていたという話をよく聴く。通りかかった近隣住人も招き入れ、ステーキやコーラなんぞを気前よく振る舞ったというオープンな習慣もあったそう。そんな往時の雰囲気を踏襲するかのようなこんなイベントも、こんなふうにまとまって残るハウス集落ならではといえる。

■築年数：推定60年
■居住年数：ー
■間取り：1L×1K×2bedroom
■駐車場：あり
■賃料：★★★★
■家族構成：1人

★：6万以下
★★：6.1万〜8万
★★★：8.1万〜10万
★★★★：10.1万〜15万

FLAT HOUSE LIFE
COLUMN

かくして FLAT HOUSE は壊される

　前項（P238〜）では再生するFLAT HOUSEを紹介したが、取り壊されるケースについても少し話しておきたい。その理由の第1位は、やはり「老朽化」であろう。税金の問題もそれに絡んではいるが、老朽化が伴わなければ即取り壊しの対象とはなりにくい。今までたくさんの解体待ちの空き平屋を見てきたが、確かに雨漏りで腐食したりシロアリに食われたり生活湿潤でカビたりと満身創痍、すでに取り壊ししか結論づけられないような物件は決して少なくない。

　しかしそれは、単に家が経年で劣化しただけではなく、そうなるまでなんの手も下さなかった管理する側にも大きな責任がある。意識の高いオーナーであれば、住人が入れ替わるごとにここぞとばかりに傷んだ箇所を検査し、「自らが財産を守る」という強いモチベーションでリペアにあたるのだが、見ることさえせずにそのまま管理会社や不動産業者に丸投げする大家は意外に多い。そこにチェックの甘さが生じ、ときにやり過ぎリノベーションとなったり、逆に何も手が施されなかったりするのだ。

　そしてその不動産業者といえば、本来「管理」をすることが仕事のはずであり、そういう部分に一番気を配っていなくてはならないのに、契約や更新時だけしゃしゃり出てきて後は放ったらかしというケースは残念ながら少なくない。で、古くなったら「早くつぶして更地にして売れ」とけしかける。今日まで平屋に散々食わせてもらってきたくせに愛情のかけらも恩義さえも感じていない。そういう職業意識の著しく低い不動産業者は、ことFLAT HOUSEにおいては見ていて本当に多いと痛感する。

　では、住む側には落ち度はないかといえばそんなこともない。どうやればここまで汚くできるのか、本当に人が住んでいたのかと疑いたくなるような痕跡を残し出て

20数年住んだ米軍ハウス住人の退去跡は、まるで廃墟の様相。驚くかな、この状態で引っ越して行ってしまった。これで不動産業者はきちんと立ち会ったのか？

かくしてFLAT HOUSEは壊される

ゆく店子も多く、彼らにも重い責任がある。ある日福生界隈を歩いていたら、偶然十数年居住したという住人の退去支度に遭遇。「やれやれ、米軍ハウスなんて住むもんじゃないよ」と片付けをしながら嘆くから、いったいどんな生活をしていたのかと後日出て行った後に覗いてみると、ろくろく掃除もせず大量のゴミを残していなくなっていた。床は抜けたまま、天井も落ちたまま、庭にもペットボトルやタイヤやがらくたが散乱、なかんずくバスルームの汚れ方は尋常ではなかった。冗談じゃない、家の所為なものか、お前さんの怠惰の賜物だろう！とつい独りごちた次第だ。これでは家も大家も気の毒、いっそ壊してしまおうかと思うのも無理はない。

かくしてその3者の連係プレーによって、古い平屋はスクラップへの階段を着々と上ることになる。「住人が汚す→大家の精神的・経済的負担となる→不動産業者が解体を焚き付ける→取り壊す」の順序をほとんどの物件が踏んで取り壊されてゆく。そしてその跡地には、おなじみの狭小2階建てのプレキャスト住宅がドミノ倒しの駒の如く、家屋と家屋にねじ込むように立ち並んでゆくのである。

上／30年ほど住んだ住人が退去した後のハウス。信じ難いがこの写真のつい数日前まで暮らしていた。
下／火ぶくれがめくれたような壁の塗膜。この状態で住んでいてよく気持ちが悪くならなかったとむしろ感心する。

FLAT HOUSE COLUMN

FLAT HOUSE LIFE
COLUMN

ここも退去間もないハウス。この天井が抜けたままのバスルームで家族4人が暮らしていたらしい。掃除も長い間された形跡がなかった。

雨漏りで抜けた天井。これでどうやって生活していたのか。

抜ける寸前の床。このまま騙し騙し十数年……という住人もよくいるが、天井同様ここまでの状況になる前に不動産業者か管理会社に報告するべきである。

取り壊し寸前の平屋。こうなるともう産廃置き場になってしまう。こうなったから壊すのか、壊すからこうなったのか……どちらにせよ寂しい風景であることには相違ない。

かくしてFLAT HOUSEは壊される

　平屋ファンとしては気分の悪くなるようなショットの連続だが、これはノンフィクション。永年頑張ってきたのに、その恩恵を受けたはずの人々のしわ寄せを食らうかたちで壊される平屋は、さぞ無念であろうと思う。「ストックの時代」と言われ久しい現在、今こそはこういう物件を丁寧に蘇生させ、もう一度住宅に戻すということを真剣にやらねばならないし、住みたいと切に願うのであればこちらもそれなりに努力しなければならない。今後はそのスピードも問われることになりそうである。余談だが、我が国の不法投棄産廃の8割は取り壊された建築物から出る廃材だということはあまり知られていない。

腐食により半崩壊した玄関の雨よけ部分。その他は健康そうなのにこれが取り壊しの引き金になったとしたら残念きわまりない。

こちらもなんらかの理由で取り壊しを待っていると思しきハウス。木製パーツの腐食もなく、キチンとリペアすれば必ずや良いFLAT HOUSEに蘇るのに。う〜ん……もったいない。

FLAT HOUSE COLUMN

CASE.24

見事に環境を克服した
バラと箱庭の平屋

渡辺邸（東京都）

一見、文化住宅のようだが内部は完璧な米軍ハウス。この斜め向かいには小さいながら交通量の激しい踏切があるため玄関前の小さなスペースを木塀で囲い箱庭を完成させた渡辺さん。地面に施されたインターロッキングの仕方、植栽のレイアウトなどガーデニングのセンスは玄人はだし。

天窓のある玄関部分は後付け。このちょっとしたスペースが、荷物を置いたり洗濯物を取り込んだりするのにとても重宝する。逆になぜ欧米家庭はこういった空間をエントランスに作らないのかが疑問だ。

Entrance

平屋の中でも特に米軍ハウスは周囲環境に恵まれていない物件がしばしばある。渡辺邸もその典型で、家の目の前が踏み切り。さらに車の往来も激しく、居住条件は決してよいとはいえない。

しかしその分、賃料設定が抑えられているという。そして米軍ハウスであればそれを補うに余りあるというもの。

住み始めて約3年、子どもがヨチヨチ歩きを始めた渡辺一郎さん・よしこさん一家。玄関前にある狭小スペースに安全確保の設備をいろいろと製作し、そこに小さな庭も設えた。そして周囲には美しい花をつけるさまざまな種類のバラを植栽。環境の悪さなどまったく気にならない愛情あふれる平屋で、渡辺さん一家は今日も幸せな時間を過ごす。

上左／左の引き戸が現在の入口だが、右側のハンガーフックが付いている部分が本来の入口だったようで、裏にまわるとふさいだ跡がわかる。誰がいつなぜそうしたのかは不明。
上右／妻・よしこさんはバンドのギタリスト＆ボーカリスト。玄関右側のカーテン内にはドラムセットほか音楽機材がたっぷり収納されていた。
下／天窓は2ヵ所。ずいぶん前の住人が設えたようだが、採光の必要性を熟知した上での増設に、作り手の生活習熟度がうかがい知れる。

前出のふさいだ部分にはビンテージのライティングデスクを配している。ふさいだのは家具を置くためだったのだろうか？

ドア間上部に使われている横板は腰板の残材を縦使いに流用しているのが面白い。まるで旧友を得たかのように部屋に溶け込む。

東側2部屋につながるドア。右のドアにだけ窓があるのは、件の元・入口ドアを移設したのではないかと渡辺さんたちは推測している。

腰板は家具や靴の接触による壁の破損を防ぐ。ここまでキレイに再塗装され残されている腰板もレアだ。

北側の壁にはビンテージのギターアンプにオーディオ類が載る。一見雑然としているが、壁に掛けられたウォール・プラークも含めた構図が無意識に計算されている。

Living room

南側の窓から外を臨むとたくさんのバラがこちらを覗き込む。

8畳強ほどと、米軍ハウスにしては狭小の部類に入るリビングだが、連続するフローリングやインテリアの配し方のうまさに狭さを感じさせない。

キッチンからリビングを臨む。北側のキッチンはドアなしで南向きのリビングにつながるため、採光と開放感に溢れる。この景観はハウスの傑作に入れたい。

Kitchen

天井までいっぱいに作りつけられた食器棚はそれだけでインテリアの風格。サイズやディティールに、作った職人のウィットを感じることができる。

部屋に入る前に「あまり見せるほどのものでは…」とよしこさんは前置きしていたが、とんでもない！ 統一感のないものを集めて統一を図る、まさにインテリア上級者。アンティークのペンダントライトが作る天井の格子の陰影が美しい。

古いフローリングの美しい光沢が目に飛び込む。

クローゼットの戸板の何ともいえない淡い茶色に気分が落ち着く。マンション・建売の大半はコスト偏重からデコラ材を使うが、こうしたペンキ塗装にはやはり温かみを感じる。

出入口のドア逃げ部分には荷物が置ける広さがあって、レコードを置くには絶好のスペース。角型アーチはハウスの定番。

シャワーカーテンのレールバーは経年疲労からたわんでしまっているが、キレイに磨けば充分現役。金属は復活するのがイイ。上に四角く見えるのは換気口。

バスルームドアの敷居に残るペンキの跡。古い平屋の象徴のひとつだ。タイルとの構成がアーティスティック！

石鹸を置くかわいらしいニッチはおそらく軍人使用時代の名残だが、今回の取材中初めて見るタイプだ。ブルーのタイルが鮮やか。

渡 辺邸のバスタブは新しいものに換えられている。浴槽壁のタイルパターンの右が高くなっているのは、当初そちら側にシャワーがあったせいだろう。角のタイルは屏風曲がりを使うのがFLAT HOUSEのお約束。また、洗濯機もバスルームに。ハウスの場合、アンティーク小物などが自然に合うため、見せる収納が新建材住宅より容易にできる。

比較的薄暗いバスルームの多いハウス物件だが、渡辺邸は西陽がいつまでもあたり明るかった。

道路からエントランスまでの間に2坪ほどの小さなスペースがある。よしこさんはそこを板塀で囲い、箱庭を作った。もちろんよちよち歩きを始めた愛娘のために。バラと愛情に溢れたスペースが小さなハウスによく似合う。

南側にある庭はカーポートも兼ねる。ワーゲンのタイプⅢが居心地良さそう。

バスルームの窓と壁にバラの枝葉が美しく絡み、箱庭を飾っている。バラがこんな風にイヤミなく生活に入り込み景色が自然に成立するのは古いハウスならでは。

囲いは子供が外に出歩いて行かないように、という目的のほかに目隠しの役目も。自作とは思えない出来栄え。

玄関前の部分には子供が裸足で出ても怪我をしないようウッドデッキを敷いた。

「お金をかけていないので恥ずかしい」というようなことを何度も口にしていたよしこさんだが、それでこの完成度の高さはむしろ誇るべき。

インテリアのよし悪しは必ずしも使った金銭に比例しないという好例で、今まで海外ツアーに赴いては蚤の市やスリフトなどでコツコツと買い貯めてきたものをこの平屋が見事に開花させている。

このようなまとめ方は時間をかけて練磨されたモノ選びセンスの賜物以外のなにものでもないが、本書のコンセプトにぴったり合った理想的なこのFLAT HOUSEだからこそ、彼らの美意識に応えられていたのではないだろうか。

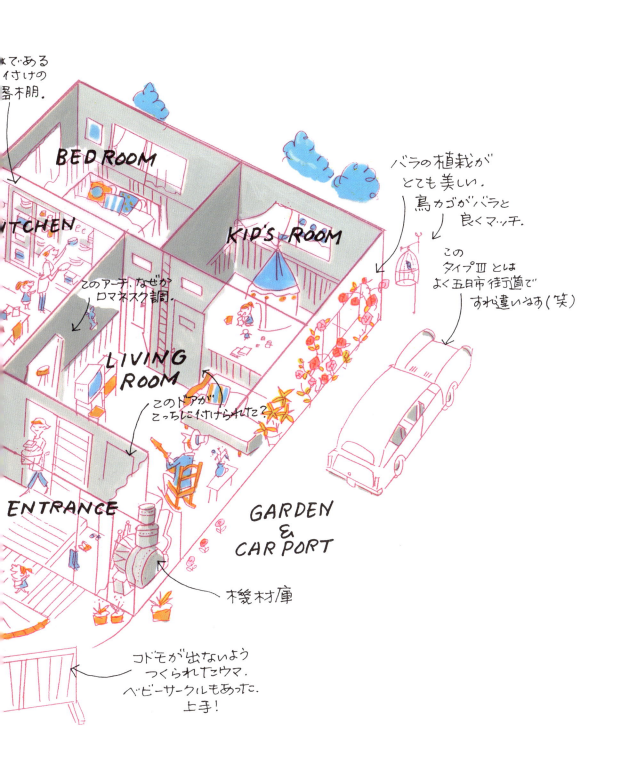

一歩出るとこの急勾配。眼下には
モノレールと私鉄線が走る。

丘の上に建つ
ポストモダンの平屋

大西邸（東京都）

カーポートはアプローチも兼ねる。らくらくクルマが2台収納できる奥行きだ。

カーポート突き当たりから裏にまわると、バイクならば並列で5〜6台は置けそうな広いバックヤードが。

「絵が飾れる白壁の平屋を探していた」と奥さんの恵子さん。絵画収集が趣味の彼女はそれまでたくさんのマンションや戸建を見て来たがどれも画一的内装ばかりで辟易していた。ある日、不動産屋の窓貼り案内のモダンな外観の平屋にふと眼が留まり、ご主人の和博さんと内覧に行って白の塗り壁に一目惚れ、即日入居を決めた。

とにかく見晴らしがいい。その分、随分な急斜面の連続を上がらねばならないのだが、それだけしてもここまで来る価値のある風景に遭える。

そして建物の構造がまた面白い。70年代後半に建てられたというこの平屋はポストモダンの匂いがプンプン、こういう発想のFLAT HOUSEがひょっこり出てくるから都下は楽しい。

家の中央部には4畳ほどのエントリーがあり寝室、バスルームへとつながる。ロー・コスト住宅の実験物件だったのか、面白い試みがそこかしこに見られる。

エントリーと玄関との間にあるクローゼット。やはり4畳ほどのスペースがあって、玄関側からも物が出し入れできるようになっている。収納はここに集約されている。

上／カーテンウォール（ガラス張り）が実にモダン。こういう玄関はさすがにハウスや文化住宅にも見られない。
下／昼間は外光が入り明るく、夜は光が外に漏れカーポートを照らす。

フラットでも強度を出すため波型構造になった屋根。山の部分がガラン（通気孔）になっている。

作りは少々粗い木製カーテンレール隠しだが、こういうものをキチンと取り付けようとする気持ちは丁寧。

キッチンからの見晴らしは抜群。この借景で毎日食事とは贅沢。でも本来贅沢とはお金をかけないでするものだ。

恵子さんのお眼鏡にかなった白塗りの壁。やはりエンボスの入った壁紙ではせっかくの作品が泣くというもの。

バックヤードにも車が入りそう

BED ROOM

BATH ROOM

ムキ出しで入るユニットバス.

KITCHEN

見晴らし最高!!

GARDEN

ずらすだけで戸締り完了の雨戸。戸袋も省略でき、合理的なアイデアだ。

data

- 築年数：推定30年
- 居住年数：1年未満
- 間取り：2LDK
- 駐車場：あり
- 賃料：★★
- 家族構成：2人

★　：6万以下
★★　：6.1万〜8万
★★★　：8.1万〜10万
★★★★：10.1万〜15万

ウォールカーテン上部のアルミ製の桟がライトと共にジャン・プルーヴェ的な雰囲気。

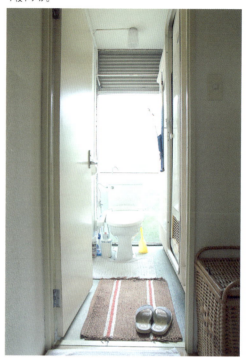

ちょうど玄関と同じ作りになっていて採光もよくとてもモダンなトイレという印象。しかし、何かが違う…。中に踏みると右側にもう1枚ドアが。

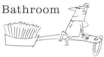

右手のドアを開けるとそこには洗面シンク…。今では見かけない、排水管に袴をはかせているタイプ。

小ぶりなバスタブ。う～ん、まごう事なきユニットバスだ。こうすることで防水工事のコストが節減したのだろうが、何とも思い切ったことをしたもの。

バスルーム改修依頼エピソード
気に入らなければはっきりと要求すべし！

　実は大西さんがこの家に入る半年も前、この家を先に内覧していた私はネックであるバスルームの改修さえしてもらえるなら転居しても良いかもと思っていた（現にその後内覧に来た人のほとんどが異口同音にNGを出して帰ったという）。

　そこで、オーナーに賃料を少し上げても良いのでリノベーションしてくれないかと談判することにした。おそらく芳しい返答はないだろうとは思ったが、何よりどんな反応が返ってくるか楽しみだった。

　口頭で伝えたり文章を書いただけでは説得力に欠けるためイラストで解説した提案書を作成した。以前同じようなリノベーションを見積もったことがある

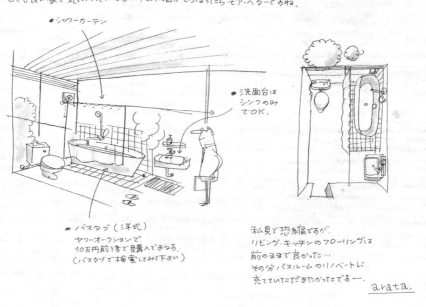

ため、そんなにバジェットをかけなくても充分良いバスルームになると確信した上での行動でもあった。不動産屋で検討した末、そのままオーナーに渡すことになり、1週間後回答が来た。結果は予想通りの「現状で〜」という回答だったが、こんな事をして来たのは恐らく不動産屋・オーナー共に私が初めてのことだっただろう。

　結局、オーナーにせよ不動産屋にせよ「貸し手の理論」で物事を進めるわけなので、こんなふうに借り手が物件に対して思っていることをダイレクトに伝えることはとても意味のあることではないかと思う。条件にあわない場合は「借りない」ことで抗議する、という人がいるが無言の抗議だけでは物事は好転しない。言わなきゃダメなのだ。

バスルームの中に踏み入ると右側にもう一枚ドアが。トイレの中にユニットバスがむき出しで入っている。

CASE.26

近隣FLAT HOUSER垂涎の
米軍ハウスは
かわいらしいたまご色の平屋

本橋Marie邸（東京都）

このきれいなシンメトリのファサードと門も塀もない外観、そしてふんわりとしたカラーリングが通りかかる誰もを優しい気持ちにさせている。

ハウスにはよくある玄関ドアの前に木造の前室があるタイプ。

全面メッシュの網張り。夏は玄関ドアを開け放っておくことができる。

内側から見た前室。

『街道沿いの黄色いハウス』は界隈の米軍ハウス住人なら誰もが周知している物件だった。2階建て新築住宅を背景に、1棟だけが駐車場奥にぽつんと取り残された平屋は、ほど良く手入れされた庭を従えて、下半分をきれいなレモンイエローにリペイントされたエクステリアを交通量の多い街道にさらしている。ハウスにありがちな「孤島平屋」を、誰もが「いい感じ」「かわいい」と愛でていた。「どうやら外国人が住んでいるようなんですよね」というantos水田さんの話を聞き、急速に興味が湧いてきて後日ドアをノックした。対応してくれたのは、にこやかでフレンドリーなMarieさん。インド人と英国人の血を引く彼女は英会話教室を営みながらご主人とネコとで暮らしているという。居住年数は四半世紀、今は随分少なくなってしまったベテランFLAT HOUSERの暮らしぶりをとくとご覧あれ。

左／ハウスには珍しい一間の掃き出し窓がある。
きれいなモールガラスがはまるオリジナル。なぜ
か最下右のガラスだけ縦にラインが入っている。

秋が深まる頃までこんな風に開け
放しで生活。防虫線香は必需品。

暖房用灯油タンクや庭用具、
鉢植えなどを置いたりもでき
る有効なスペース。

小さな正方形窓が3つ開いた
木製ドアに入れ替えた玄関。

Living room

床のペイントロスから、何度塗り重ねたかの歴史がわかる。

左／10畳ほどのリビングは英会話教室も兼ねたスペース。南向きでかなり明るく、風通しも良い。
上／西側にはTVやヒーター、英会話教室用のホワイトボードなど、実用品がまとめられている。

東側。フォトフレイムと一緒に並ぶBOSEのACOUSTIC WAVEからはロックが流れる。どうやらメルヘンチックやじめついた少女趣味とは無縁の家。ドアの向こうは寝室。

掃き出し窓には珍しい観音開きの網戸が付いている。

北側にはずらりと人形が鎮座。ルナティックな趣味、とお思いの向きもあるかもしれないが、ほとんどがMarieさんの少女時代に遊んできたもので、いわゆる「当時モノ」。オレンジに塗られたシェルフはオリジナルのニッチ。

シンク、レンジから作業テーブルがL字に連続するユニットには露出した道具が少なく、すっきりと使用されている。

今見ても古さを感じさせない水まわりとユニット。それもそのはず、これを参考に日本の戦後住宅は作られたのだから。

作業テーブル下のキャビネットは「メーカー知らず」。中にはよく磨かれた料理器具が待機していた。

キャビネット類は木工作家だったご主人によるものが多いそう。大型冷蔵庫は陰にうまく隠れている。

「実はここにいる時間が一番長いの」とMarieさん、ものを書いたり細かな仕事はここでするという。「女子、厨房に入り浸る」といったところか。お気持ちわかります。

一番好奇心の強い愛猫ネギが乗っかっているのはアイロン台。

お勝手口は網戸ともに木製オリジナル。

シンク付近を照らすためシーリングライトを外してペンダントライトにコンバート。面白いことをしている。

ストッカーに転用された空間には元々ボイラーが入っていた。耐熱用に貼られたブリキが古い。

結婚して家を出たお嬢さんが使っていた子供部屋がパソコンルーム。2段ベッドのせいで少し暗めだが、本気で使えばかなり雰囲気のある部屋に仕上がりそうなポテンシャルを秘めている。

北壁面のニッチ。こんな使い方もできる。

ドアを開けて右にある収納脇の壁には2本の木枠が走る。下は腰板の上枠の名残と思われるが、上のものはそれに揃えた装飾だろうか。

左／家庭用換気扇が登場する前の換気口。今も機能しているのかは疑問。
右／トマソン化した水栓。上ふたつがシャワー、下ふたつが浴槽用。先日子供がひねったら水が暴発し、ひと騒動だったそう（笑）。

木製のメディスンケースは、あおり止めがないとフタが開いてしまう様子だが、まだまだ現役！

壁部分に開いたニッチは石けん置き。目地部の劣化から、溜水性・保温性ともに激減してしまったための苦肉の策だが、バスタブの中にはめ込まれたポリ浴槽はちょっと残念。よくハウスで見かけるこの風景、土台が腐食していなければシーリング施工し直すことで再使用できるようなので、ぜひ研究したい。

上／洗面シンクは東洋陶器（現TOTO）製、ブラケットなしフレイム付きの角形初期タイプ。壁の塗装斑に絵画的マチエールが出ている。
右／ペット用トイレも収容できたりするところが洋式バスルームの大きな利点。半世紀もの間湿気に当たっているため傷みの激しいドア。できれば下半分だけでも早めに補修し再塗装したいところ。

浴室はいたって一般的なハウスのそれをそのまま使用している感じだが、その分オリジナル度は高い。北側に位置するため採光量は少ないものの、必要最小限のものだけですっきりとさせていて暗い印象はない。

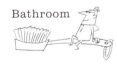
Bathroom

左／コンセントコードとアース線に巻き付かれた蛇口は、ノブの形からオリジナルと推察。現在はお役御免。
右／市松パターンのタイルは、床とバスタブで色を切り替えてあるというちょっとした気遣いよう。あの時代ならではの産物なのか、作り手のはからいにそこはかとなくかわいらしさを感じてしまう。

左／Marieさんの寝室は、昼間はネコたちのベッドルームとなる。広さはおよそ6畳。2面採光で冬も暖かそうな部屋。彼らがうとうとするのもよくわかる最もコージーなスペース。
下／右のクマもMarieさんが幼少の頃遊んでいたもの。ウサギの毛で作られている。

左・中／北面にある収納は一間分。左の引き出しはご主人の作。
上／リビングの暖気を共有するための通気孔は横長タイプ。

リビング側の壁の洋服掛けの付いたシェルフは後付けだが、もうオリジナル化している様相。

上／東側の窓下には家主のメモリアルデータが、ヤレた壁とハーモニーを奏でながら陳列されている。
右／ドア側を見る。ドアと壁との塗り替えが効いている。UFO型シーリングライトはオリジナル。

Garden

アプローチに沿うように家の南側にある庭は、元々隣に建っていたハウスとの共有スペースで、カーポートも兼ねていた空間。今は菜園も作り、すっかり本橋家の生活の場の一部となっている。

必ず探してしまう水道栓。やはり古いものだったが現役。

家の真正面にも植栽があるが、本来の庭はこの部分だけだったのかもしれない。

アイアンの物干が正面北側の隣家との境界線で所在なさ気に立っていた。ということはやはりファサードの真ん前が本橋邸の庭だったようだ。

庭奥から見るとこんな感じ。昔の木造小学校を彷彿とさせるような外観。それにしてもキレイだ。

キッチン、バスルーム窓のある北側。こちらもキッチリとリペイントされている。この黄色を塗装職人さんは「たまご色」と呼んでいたらしい。灯油用の大型タンクがまだ残る。

このハウスの珍しいところは、この下半分が下見板で上部がモルタルになっているサイディングにある。この物件以外にこんな外壁の物件はまだ見たことがない。

ぽつんと残された物干し.

Marieさんが一番居る時間が長いというのもよく判る.

散歩ある人々がニコニコして見て行く.

クルマはこの辺りに駐車. ジツにざっくりしている.

　うしてネコを撫でているところやガーリーな寝室の写真などを見ていると、「ユメ見るユメ子のMarieさん」みたいに思われる向きもあるかもしれないが、さにあらず。とてもたくましく生きてきた女性である。沖縄をはじめ、さまざまな地を転々としてこのFLAT HOUSEに辿り着き、立ち退きや修繕のいざこざなどとも粛々と闘いながら、波瀾万丈の四半世紀を過ごして来た経歴の持ち主なのである。そのときに書いた書類や昔のアルバムを見せながら悲喜こもごもの思い出を語ってくれたMarieさん。それを聞きつつシャッターを切った写真だから、書くコメントそれぞれへの思い入れも変わってくるものである。たくさんハウスのあったこの一角で今や最後の１棟となってしまった本橋Marie邸は、かわいい外観だけではなく「住む人」の意識を強く感じさせてくれる内容豊かな平屋だった。いつものことではあるものの、思い切ってドアをノックして本当に良かったと思う。

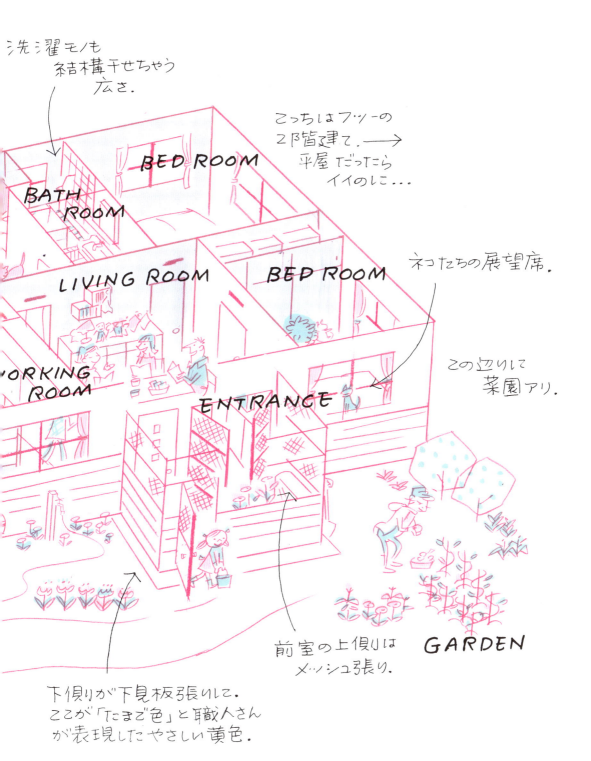

FLAT
HOUSE
LIFE
COLUMN

b

a

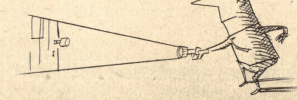

NIGHT TIME

FLAT HOUSEがもうひとつの魅力的な一面を見せるのが夜だ。近隣住人が「素敵」と強く感じるのは、窓に灯りがともった姿だったりする。近所に住んでいないとなかなか見ることができない平屋の夜の顔をご堪能あれ。(どのFLAT HOUSEか当ててみてください)

c

NIGHT TIME

d

FLAT HOUSE COLUMN

FLAT HOUSE LIFE
COLUMN

e

g

f

h

NIGHT TIME

i

j

k

l

a,c,j：鈴木邸
b,d,e,l：Lee邸
f,i：五十嵐邸
g,h,k：
本橋マリー邸

FLAT HOUSE COLUMN

CASE.27
庭菜園と愛猫と大きな書棚 アプローチが魅力的な 白いドアの平屋
大滝邸（東京都）

この、緑の間を縫うように伸びるアプローチとその先にこぢんまり控える洒脱なデザインの木製ドアを見たら呼び鈴を押さないわけにいかなかった。

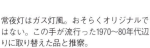

常夜灯はガス灯風。おそらくオリジナルではない。この手が流行った1970～80年代辺りに取り替えた品と推察。

玄関は板張りフラッシュドア。昭和40年代に入るとプリント合板が多くなるが、このドアはぎりぎり前時代のもののようだ。

左／ドアノブは一番使用頻度が高い消耗部品のため、玄関にオリジナルが残る率は低い。ここも何度か取り替えられた形跡がペイントマークから見て取れる。
中／裏側はベニヤのフラッシュだが、窓部を抜いてあるのでやはりそれなりに手間がかかっている。この非対称の細長ガラス窓は当時の流行だったのか、米軍ハウスでも稀に見かけるデザインだ。
右／玄関内側。トランザムのモールガラスが偏光し、柔らかい空気を作る。

都 下北部の某私鉄駅から5分ほど遊歩道を行き、住宅地へ少し入ったところに大滝さんの平屋はある。このエリアは友人のジョギングコースで、枯れた感じのいい一角があるぞと報告をもらい、見に行き知った。FLAT HOUSE Avenueとでもいおうか、築年数が半世紀以上とおぼしき平屋が慎ましやかに立ち並んでいる。大滝さんの平屋はその中でも一番目を惹いた一軒。木製の門扉と大きなゲート、緩くカーブを描いて延びる石のアプローチ。白くペイントされたトランザム付きの木製ドア。なんともそそられるファサードだった。どんな方がお住まいかと呼び鈴を押すと、上品な壮年女性がネコと静かにお暮らしという。優しくご対応してくれ後日取材が叶った。

東側の壁にある蔵書のぎっしり詰まった書棚はなんと作り付け。なんとまあ書籍に対する配慮がある大家だことと思いきや、それもそのはず、この平屋のオーナーは作家だった。敷地隣に母屋があり、庭にはまた書架の離れがある。
下／玄関に近い一部屋は寝室兼書斎として使用している。大滝さんの脳と身体両方を休息させる大切な空間は6畳ほどの広さ。

隣家とのスパンも適当にあるため、東の窓からの採光量もなかなか高い。しかし、懐かしき昭和の風景的だ。

上／入り口は上下エンボスガラスの木製引き戸。
下／縁側のある大滝邸には家のサイズから考えると、不釣り合いなくらい広い廊下がある。天井が片流れになっていたり、トランザムが作ってあったりと、こういうちょっとした部位が量産型の文化住宅とは違うところ。

これはニッチ？ いいえ、これはエアコンではなくまだ「クーラー」だった時代の産物。屋内室外機一体型全盛の昭和30〜40年代前半の建物には、このようなクーラー本体の半分を外に出すための設置孔をよく見かける。飾り棚として使う住人もいた。

ペットではなく大事な家族という愛猫もここが寝室。取材中もとてもおとなしくしていてくれた。

359

風呂場は家のサイズに則した広さで、洗い場は1畳あるかないか。ただし、北向きながら隣に建物がないためとても明るい。バスタブ手前左の枠が少し広がっているのは、手回しハンドルで着火するバランス釜が以前あったためだろう。それにしても面白いところに通気孔が付いていますね。

台所へはここから光をまわしている。この窓がなければ以南の部屋は相当暗かっただろう。

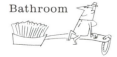

通りからは、家のファサード全体は見えない。植栽の間からクラシカルな白いドアだけが覗き、思わず立ち止まってしまう。

門の隣にはピックタイプの広い木製ゲートがある。実は庭はカーポートでもあり、車の出し入れをするためのものだった。ここまで広いゲートが付いた文化住宅はほとんど見ない。

家の周囲は竹の柵で囲われていてジツに風情がある。

上／櫛(くし)のようなガラリが素敵。
下／洗面所の窓の白く塗られた角格子は、間隔も広く和洋折衷な感じ。

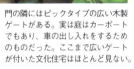

Exterior
Back yard

植栽の間を縫うように門まで延びるアプローチ。

休日ともなると友人知人が集まり、交流会を兼ねた土いじりが繰り広げられるのだとか。どこかの飲食店を借り切ってするのと違い、余計な費用がかからない青空茶会がこの庭で実現している。

家のサイズからするとかなり広めの庭。ここで豊かな植栽と菜園を楽しむ大滝さん。

玄関前にある切り株にはさまざまな植物が混生し盆栽の趣。

Rest room

玄関と洗面台の間にあるルーバーのパーティション。こういう心遣いと洒落っ気がこの時代にはあった。

この手のFLAT HOUSEにはないことが多いのだが、大滝邸には結構しっかりした大きめの洗面台が存在する。当時としては贅沢だったはずだ。

トイレドア傍らの壁面に打ち付けられた木箱。もしやと思ったら予感的中、ブレーカボックスだった。こんなふうに完全なフタなのもまた珍しい。

実は大滝さんは、マンション住まいに疲れ、都心からこの平屋に越して来たという経歴を持つ住人。この家に来て、広い空があり緑の生い茂る地面に近いところで生活をしてからというもの、随分と心の落ち着きを取り戻せたという。私も同じ経験から平屋に移り住んだ経緯があるため、強くシンパシーを抱いた。改めて、FLAT HOUSEは心身にいい作用があるのだ。

屋根裏を走りまわるネズミの足音には正直悩まされているそうだが、そういう困り事もセットなのが古い平屋生活でもあったりする。暮らしとは、本来パーフェクトからのスタートではなく、苦難を工夫やアイデアで解決しながら理想に近づけてゆくものだと思うのだが、いかがだろうか。このFLAT HOUSEもそうするだけの価値がある物件である。

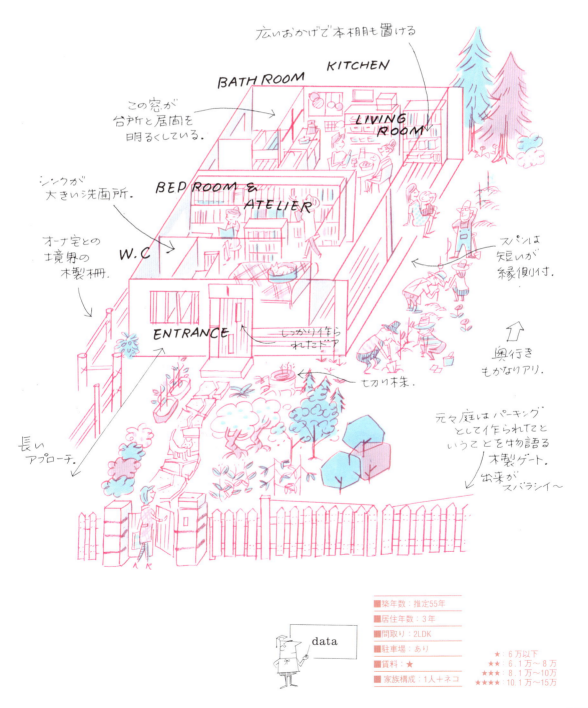

前庭の木は転回車の進入から芝生を守る役目を果たしている。

CASE.28

野球と銅版画とブルドッグ 工房シェアリングの平屋

永澤邸（東京都）

下中央／境界線が曖昧なハウスは各屋が周囲をきれいにすることで全体の美観を作る。永澤さんは前庭の芝生を常にきれいに刈り込むよう気を遣っていた。
下右／前室にはたくさんの銅版画の機器が並ぶファクトリ。腐食液やインクの匂いがした。

玄関はガレージ奥のプレハブ前室にある。福助が載る郵便受けは永澤さん作。

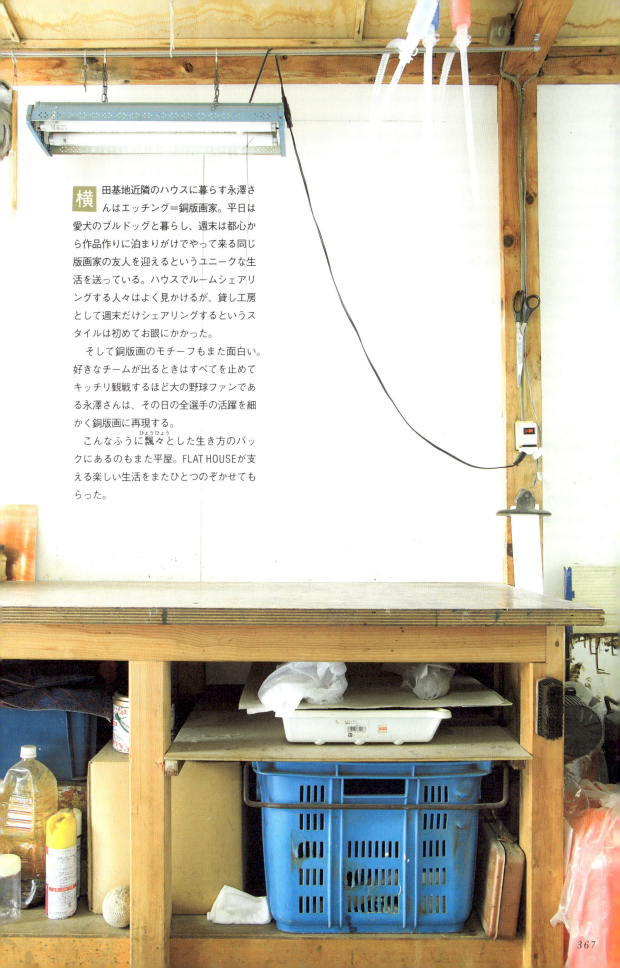

　横田基地近隣のハウスに暮らす永澤さんはエッチング＝銅版画家。平日は愛犬のブルドッグと暮らし、週末は都心から作品作りに泊まりがけでやって来る同じ版画家の友人を迎えるというユニークな生活を送っている。ハウスでルームシェアリングする人々はよく見かけるが、貸し工房として週末だけシェアリングするというスタイルは初めてお眼にかかった。

　そして銅版画のモチーフもまた面白い。好きなチームが出るときはすべてを止めてキッチリ観戦するほど大の野球ファンである永澤さんは、その日の全選手の活躍を細かく銅版画に再現する。

　こんなふうに飄々とした生き方のバックにあるのもまた平屋。FLAT HOUSEが支える楽しい生活をまたひとつのぞかせてもらった。

右／リビングとつながるキッチン。中央には愛犬のブルドッグ、ボビー・スーンくんのケージが。
左／壁に等間隔に掛けられた道具類が永澤さんの人柄を謳う。こんなふうに無意識のうちに見られることを意識するのがアーティストだ。

ここのリビングは居間というよりアトリエの打ち合わせ用サロンの趣。B全版紙が入る大きなマップケースの上には宇野亜喜良や状況劇場のオリジナルポスターが。住人の脳内を雄弁に語る。

前室のある南側。こうして見ると事務所然として見えるが、渡辺和博の映画ポスターや永澤さんの作品がただのオフィスにしていない。

左/週末だけ泊りがけで制作しに来る友人のベッドルーム。内側の撮影は遠慮したが、永澤さんの趣味とは違う世界が広がっているようで不思議な感じだった。右/ドアや枠など木製の部分は緑色に塗られている。入居前に大家から「好きな色に塗ってやる」と申し出があったためこの色を依頼したら、「緑は米軍ハウスの色じゃない」と断られたのだとか。「好きな色にと言うから言ったんじゃないか」と返すとしぶしぶ応じてくれたらしい。まるで落語のようなエピソード。

バスタブはシャワー付きBF式（バランス釜）に交換されているが窓は木枠のまま。

上／十字の中央にはまったセラミック製のサインがもうアンティークのよう。
左／トマソン化したオリジナルカラン。

オリジナルパーツの残存数は少ない永澤邸だが、バスルームには面白いオリジナルが残っていた。この壁からにょっきり生えたストレートの蛇口はめずらしい。初めてお目にかかる。

Bathroom

左／トイレも鎖を引っ張る高落差型の古いもの。鮮やかな緑のタイルはこの時代独特の発色。部屋のペイントとは一応おそろい。
上／洗濯機上の棚は前住人の置き土産。何度も上から塗装が重ねられている。

前出の小林邸にもあったガゼット付きタイプ。鉄橋のようなルックス。

たんに眠る場所ではなく、フィギュアやレコードなどがディスプレイされており、嗜好色の強い「夢見る」部屋として仕上がっている。少々暗いが夜に入る部屋なのでそれでもよいわけだ。

原画の制作は東側のこの部屋で行う。銅版画はかなり細かい作業なので中でも採光量の高い部屋をアトリエにしている。

棚が多いと思ったらすべて自作だという。釘を1本打つのにも悩むマンションとはもう根本が違います。

永澤さんの作品。昨夜のごひいきチームの選手全員の印象的スナップを銅版に綴る。

永澤さんは学校の講師も勤めているが、好きな著名人を作品に仕上げ、本人のところにわざわざ持参し見せに行くというスーパー・パーソナリティでもある。そのアグレッシヴなエナジーと仕事道具のボリュームはこれくらいのキャパシティを持った平屋、しかもハウスでないと到底支えきれないのではないかと感じた。

古いハウスが立ち並ぶ集落内の一角にある永澤邸は、外観を見た限りでは芝生も含め一番手入れがされている。それは住み手の真摯な態度の表れでもあり、ここまでびっちりと仕事に囲まれるのを許してくれるハウスに対する感謝と愛情の表れでもあるだろう。昔の4畳半時代を懐かしむようなことも呟いていたが、作品やコレクション、吊るされた道具や機械の馴染み具合からしても、家と永澤さんのつながりはすでに物理的な範囲を超えているように見える。FLAT HOUSEと住人というアートパッケージがそこにはあった。

■築年数：推定43年
■居住年数：8年
■間取り：1L×1K×3bedroom
■駐車場：あり
■賃料：★★★
■家族構成：1人＋犬

★　　：6万以下
★★　：6.1万〜8万
★★★：8.1万〜10万
★★★★：10.1万〜15万

CASE.29

都心まで30分の好立地
カーポート付きの小さな平屋

高橋邸（東京都）

ガレージの一番奥には自家製のウッドデッキが。

庭先にカーポートやガレージが付属しているのが都下フラットハウスの特徴だが、このサイズの家屋に付いているのはとても稀。コンクリ打ちにゲート付きとなるとさらに出会うのは難しい。これで10万円を切る家賃なのだから驚き。

腰より少し高いくらいのゲートはこげ茶色で統一。何度もペイントが塗り重ねられている。円と直線で構成されたガゼットが幾何学的で面白い。

家屋とガレージの間、土がむき出しになったスペースは菜園に。可愛い胡瓜とトマトが下がっていた。

ドアベルのボタンは3センチ四方と、とても小さくてかわいい。白くてどこか昆虫的フォルム。ナショナル製。

シンク上の出窓にシェルフを配して収納にしたり、フライパン類を吊るしたりと狭小平屋の工夫が満載。見ていると楽しくなる。

前住人が抜いていったキッチンとリビングを隔てる壁は、オーナーに申し出てそのまま利用。バーカウンターを設えた。両室の光量確保と圧迫感の緩和にも一役買っている。

和室のリビング。畳上には何も敷かず使用するのが賢明。4畳半だがレイアウトを工夫することでイージーチェアも置くことが可能。

この家には以前、アメリカ人女性が住んでいた。彼女は外国人学校の教師で、ご主人は会社勤めの日本人。私がこの家のそばにある平屋に転居するにあたり、いろいろと世話を焼いてくれ、平屋生活のあれこれをレクチャーしてくれたのが、このご夫妻だった。それから私も彼らを見習い、平屋を愛してくれそうな人を見つけては物件紹介をしてきた。

　現在この家に住む高橋夫妻も、私の紹介で転居してきた一組だ。日本人向けに作られたフラットハウスは全体的に小ぶりで、高橋邸もそのひとつだが、どのように使えば快適になるかを考えさせる余地があるのが狭小平屋の楽しいところ。マンションのような集合住宅では実現不可なリノベーションも、大家さんとの交渉次第で許可してくれることも多く、高橋邸でも随所に面白いリノベーションが見られる。

　狭小ながらカーポートもあるこの家は、都心までなんと30分というロケーション。このような立地の良さも、しばしば都下フラットハウスの魅力のひとつとなる。

リビングの東側はガラスの格子戸。和室であったためその名残。その功を奏してか母と子のシルエットがどこか昭和的。見ていてほっとする。

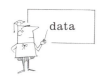

■築年数：44年
■居住年数：3年
■間取り：2K
■駐車場：あり
■賃料：★★★
■家族構成：3人

★　　：6万以下
★★　：6.1万〜8万
★★★：8.1万〜10万
★★★★：10.1万〜15万

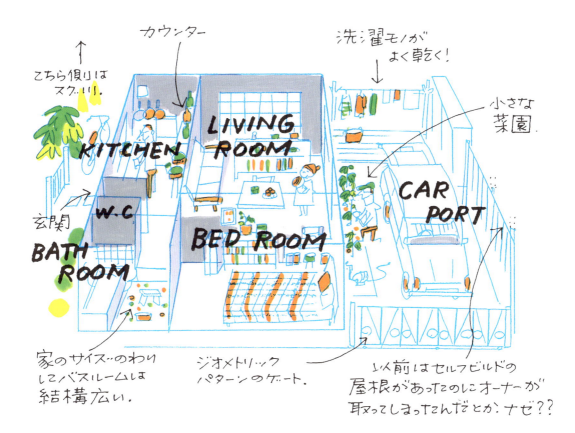

CASE.30

ウィリアム・ヴォーリズの愛弟子が
設計した和洋折衷の大きな平屋

大谷邸（東京都）

ポーチのレンガは「ジャックオンジャック」張り。木部には今の家にはない熟れ具合&重厚感。小学生時代よく遊びに行ったおカネ持ちの同級生宅を思い出した。

靴箱の隣に造り付けられたハットスタンドに目が行く。昭和30年=西暦1955年はミッドセンチュリーモダン全盛期だが、当時の日本でこの玄関は相当先進的だったことだろう。

門を抜け、アプローチを経てぐるりと廻ると現れる玄関口。窓が抜かれたペディメントの広さに、家の大きさが伺い知れた。

「私は築56年の平屋で暮らしています。愛着があり、どうにか残したいと年数を延ばしてきましたが、年明けに取壊しが決まりました。〜もしご興味があれば見にいらっしゃいませんか。」という丁寧な文面のメールが送られて来た。添付ファイルにはかなり年期の入った木造平屋の部屋やパーツの写真が入っており、その味わい深さにしばらく魅入ってしまった。急を要するような様子から早速返信し、日を開けず馳せ参じることに。

トランザムに取り付けられたメールスロットがもうアンティーク。

散水用蛇口は埋め込み型。花弁型のハンドル、昔よく見かけたなあ。

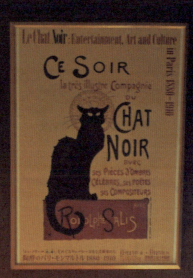

玄関を上がると2坪ほどのホールが。
正面奥がリビング。ここに貼られて
いるとロートレック展のポスターも
本物に見える。

上／ホール右手に廊下とも部屋ともいえない不思議なスペースが出現。冬には日溜まりをつくってくれる室内縁側といったところ。
下／縁側スペースの左手奥にある納戸は元々書斎として使用されていた。造り付けウォールキャビネットの下部にはマントルピースが造作されている。小ぶりでカラーリングのセンスも良い。ガス栓が下から突き出していることから、ガスストーブが仕込まれていたと拝察。こんな部屋で仕事をしたい。

掃き出し窓の向かい側にある部屋の方は3枚引き戸。桟の入れ方ひとつをとって見ても適当に作られていないことが伺える。

ドアノブ周辺の引っ掻きキズは自然についたものなのか、それとも室内飼いの大型犬が付けたのか、妄想が尽きない。

上／東側の壁際に小ぶりなテーブルを置きカフェさながらに。庭の眺めもよく、インテリアもアーティスティックなものが多いためギャラリーに居るかのようにくつろげそう。
右／日当たりがとても良い。撮影した12月後半でもたっぷり太陽光が入って来ていた。ぽつんと付いたダウンライトが良いアクセントになっている。
下／10畳ほどの居間は玄関を真っ直ぐ上がるだけという行き付きやすい位置に。カウンター付のキャビネットがルームディバイダ代わりに設えてある。

Living room

造り付けユニットの使い込まれた天板の剥げ方に年季を感じる。ブルーのパンチボードがまた昭和30年代チック。

Kitchen

決して広くはないが圧迫感はなく、むしろ使い易そうな感じがする台所。とてもよく整理され、清潔に使われているところにさすがはこういうFLAT HOUSEに永く住む人たちであると感心。「粋」を感じる。

左／台所の外側にはリビングのルームディバイダの裏側にあたるスペースがあり、冷蔵庫や茶箪笥などが置かれている。また、ここからハシゴを使ってロフトへと行ける。かなり退色しているが、市松のリノリウムがモダン。
上／シンクはステンレス製2槽式。日本で初めてステンレス深絞り流し台が作られたのが1956年なので、オリジナルであればほぼ発売時に導入したと考えられる。
右／ロフトは思いのほか広く、もう二階といっても差し支えなさそうだが天井裏に位置するためやはり屋根裏部屋である。玄関から見えた娘の弓さんはここを自分の作品のギャラリーとして使用している。

リビングの東側にはいくつもの部屋があり、この廊下を経て移動する。移動のためだけでなく、ピンスポットを使用して作品を飾るギャラリーのような使い方もされている。

これまためずらしい碍子のブレーカ。これはもう確実にオリジナルだろう。こんなものにお目にかかれただけでも内覧に来た価値があるというもの。

よく眠れそうなベッドの向こう側に置いてあるドアは他室で使わなくなったもの。よくよく見ると中折れドアのようだが、デザイン・質感共にスバラシイ。

上／勝手口そばに付いていたブレーカボックスは初見の幅広さ。しかも素通しガラス。個人的には解体時、いの一番にサルベージしたい建具のひとつ。
右／弓さんの個室は庭に面した南側8畳の和室。作品造りから就寝までここでしている。日当りのよさも去ることながら、しばらく居たくなってしまうような空気が漂うジツにコージーな部屋。

弓さんの隣室は、カトラリーや料理用具などが収納してある細長いパントリー。物置にしておくにはもったいないくらいの良い部屋だが、天井の雨漏り跡がなんとも痛ましい。

縁側付きの掃き出し窓には、素通しガラスが使われている。この手には磨りガラスを入れがちなところだが、借景を優先させたところには強く共感する。

左／わずか3畳というこの手の狭小和室は、女中部屋として作られた可能性が濃厚。たくさん部屋があるならば、このくらいのサイズの和室がひとつあってもイイなあと思わせてくれるナローな一室。

上／昭和29年に作成された当時の設計図面が残されている。有識者によれば小西太吉氏と栗田健三氏という2人の技師が関わったのはないかという話。共に最晩年の愛弟子世代で、小西氏は直接指導を受けたヴォーリズとの日々を綴った『建築家メレルヴォーリズの想い出』という書を出版している。

脱衣室はこれまた趣きの違う板張り壁。造り付けドレッサーの天板を台形に切りこむというモダンさ。オーバルの鏡も時代の雰囲気を醸している。

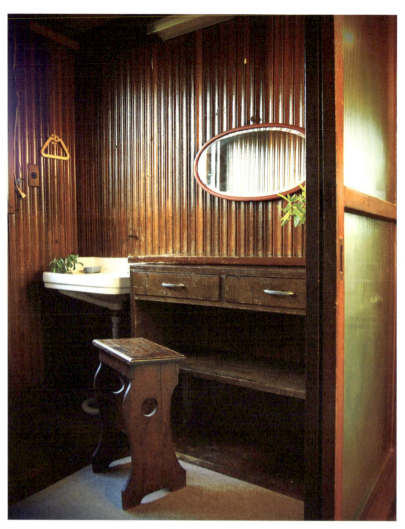

Bathroom

左／浴室は新しいものがあるが、使用できないシャワーブースがフルオリジナルで残されていた。この小さなシャワーヘッドはどこかの米軍基地内を写した古い写真の中でも見たことがある。板張りに付けられているところがなんともオールドファッションでいい。
上／ベゼル付のシンクに十字形の蛇口ハンドル共にオリジナルのはず。

- ■築年数：56年（2012年当時）
- ■居住年数：約45年
- ■間取り：13部屋（ロフトを含む）
- ■駐車場：あり
- ■賃料：―
- ■家族構成：5人

　★　：6万以下
　★★　：6.1万〜8万
　★★★　：8.1万〜10万
　★★★★：10.1万〜15万

　拙著では小さな賃貸平屋であっても敬意を祓い「邸」を付けているが、この家は紛うことなき「邸宅」だった。

　大谷邸は、個人宅、特に日本人の私邸は滅多に手掛けなかったというウィリアム・ヴォーリズが、休暇中の別荘で急病になった際に世話になった医師へのお礼として手掛けた家であり、それを後年弓さんの祖父が購入したのだそう。これまでなんとか残そうと家族一丸となって守って来たが、ついに力尽きたという。この取材をした2012年の翌春、惜しまれつつ一部を残して解体された。

　ほんの2〜3時間の滞在だったが、このFLAT HOUSEがどれほど丁寧に造られ、どれほど大切に住み継がれて来たかを理解するには充分だった。重要文化財や世界遺産に認定された建物は過剰なほど大事に扱われるが、これほどの物件であってもオーソライズされなければいとも容易く取り壊しの憂き目に遭うという理不尽さ。せめて固定資産税や相続税を軽減するといった措置は取れないものかと、毎度切歯扼腕（せっしやくわん）する。

　大谷邸は、当シリーズの「対象物件は東京都下の賃貸平屋のみ」というルールを外して掲載した。たかだか一棟の古家解体かも知れないが、間違いなく国の財産の喪失だったと、取材を終えて5年経つ今もつくづく思う。

写真協力：大谷弓

FLAT
HOUSE
LIFE

おわりに (FLAT HOUSE LIFE より)

　日本人が海外に行く理由のひとつに、「美しい風景が見たい」という大きな欲求があるはずだ。テレビでは世界遺産や海外の小さな町を巡る番組が多々放映されているし、自身、欧州の古い街並みに囲まれた際心が深く落ち着くのを幾度となく経験、以来それが旅行の大きな目的になった。
　日本人はなぜ外にばかりに観に行って身辺にそういう環境を作ろうとしないのか？　元来、日本には外国人も絶賛する美しい街並みがあったはずだ。
　一度ぐるりと近所を見回してほしい。いまや全国どこに行っても同じような風景ではないか。私たちにはこの画一的風景を無自覚無節操に身辺に受容してしまった責任がある。「日本人は美には敏感だが醜には鈍感だ」と言った異人がいたが、その代表が住居と街並みに関する美意識の低さだろう。しかし一方で、それがおかしいということに気づき始めた人たちも相当数いる。それはそれで喜ばしいことなのだが、それでも古い建築物の取り壊しが止まないのは残念だ。家屋取り壊しの場合には代替わりによる相続税対策が大きいが、「借り手がいないから」という理由も案外多くあることはあまり知られていない。それならばそれを放って見ている側にも少なからず責任があるのではないだろうか。

　「やっぱり古い家っていいんだなあ」と気づいた人は傍観者にまわらず、ぜひ勇気を出して住みついてみてほしい。そういうサスティナブルな行動がこの殺風景な画一的都市風景の拡大を少しでも食い止めることにつながるはずと信じている。
　それにしても今回取材させていただいた方々は本当に気持ちの良い人たちばかりだった。
　こちらが依頼していない部分まで取材させてくれたり、大勢でお邪魔しているにもかかわらず食事を振舞ってくれたり。後日、逆に我が家に出向いてくれた方々も多く、人付き合いの上級者という印象、心暖かな方々ばかりで本当に驚かされた。そして押し並べていえば、人生を独自のバランス感覚で無理なく活き活きと送る人たち。ある日、家のディテールの取材をしていたつもりがいつしか住む人の魅力からか人間の方の取材をしていたと気づいた。

　もしあなたが何かに行き詰まって苦悶したり絶望したりしているとしたら、ぜひ住む環境を都下にある FLAT HOUSE へ移されることをお勧めしたい。また、これから上京し住むところを探す人がいるならば、この FLAT HOUSE を選択肢に入れてほしい。大抵のことはさほど重要ではなく、何気ない日々の生活こそが大切なのだと静かに教えてくれるはずだ。

復刊にあたって
"FLAT HOUSE LIFE"ができるまで

　当書は、2009年発刊の『FLAT HOUSE LIFE』と2012年発刊の『FLAT HOUSE LIFE 2』の二冊に加筆をし、再編集したものである。諸般の事由により2013年から絶版状態にあった両巻は、幾度となく復刊の話が"現れては消え"を繰り返して来たが、4年の歳月を経て合本というかたちでようやっと再び書店に並ぶ運びとなった。「一年あっという間」が年末年始には挨拶となるが、この4年間は個人的に本当に永く感じられた歳月だった。今これらを読み返すと、この10年間の出来事が糸を紡ぐようにあれこれと繋がり浮かび上がって来る。

きっかけは世界金融危機

　07年に米国サブプライムローンが破綻し、翌年あたりから周囲のデザイン業者の「仕事がない」という声が届き出した。その頃こちらはまだ何ら影響はなかったが、翌年明けから急に仕事の"凪"が始まった。事務所を閉めた、コンビニでバイトを始めたという知人が現れ事態の深刻さが伝わって来た。最初は時間ができたなどと喜んでいたが、まさかこの状態が当分続くのか？と焦燥感を感じ、動き始めたあがきのひとつが平屋本の上梓だった。絵描きになってからいつかは一冊本を出したいと漠然と思っていたものの、それがいったいどんな本なのかという青写真は多忙を理由に後回しにし続けていた。それを世界金融危機が真剣に考える時間を作ってくれるなどとは思いもよらなかった。

　当時住んでいた三鷹市の平屋へはよく友人たちが遊びに来てくれていた。日中は徒歩1分の緑地に椅子とテーブルを持ち出してピクニック、夕方からは家で撮り溜めた都下の平屋の写真を肴に一

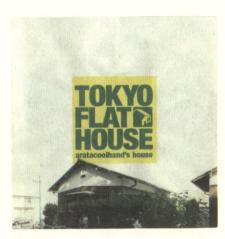

パイロット版はかなりPOPなデザイン。当初タイトルは『TOKYO FLAT HOUSE』を予定、版型は大型の正方形を考えていた。よく遊びに来ていた近所のネコの写真も載っているところが個人的に懐かしく面白い。

FLAT
HOUSE
LIFE

杯というのが毎度の「もてなし」パターンだったのだが、平屋写真は常に好評だった。これを本にしようというのはその時には思いつかなかったが、ちょうど府中市の米軍ハウスへ転居したことが重なり、自分史を"住居"の面から描いたら面白いのではということに気付いた。そして『TOKYO FLAT HOUSE』というタイトルで企画書を書き上げた。本のダミーを作ってしまった方が話が通りやすいだろうとフリーの仲間を招集、デザインは大杉晋也氏に、写真は岩本真氏に依頼してパイロット版を制作した。

簡単には通らない

しかし売り込みは難航した。編集者の友人に託したりもしたがいずれもNG。「古い平屋の本なんてどこの誰が買うんだ」「ただの中古住宅本など売れると思えない」「なぜ平屋？」などいろいろいわれ、一次会議で却下という報告が続いた。会議のテーブルにさえ乗らなかったというケースもあった。そんな中、飼い猫の本を出していたデザイナーの岡優太郎くんが「ウチの担当の女性編集者に話してみようか」といってくれた。その時はまだ希望の出版社があったため返答を濁らせていたのだが、数日後には「企画会議に出したいって」というオファーが来てしまった。反応の早さにさすが若い女性だなと感心しつつも、まあどうせ上司に却下されるだろうと思っていたのだが彼女の活躍で通過。あれよあれよという間に出版が決まってしまった。

だが条件は厳しかった。制作期間は取材と執筆合わせて3ヶ月弱。印税も驚愕の低さで、物件は最低30棟というお達しが上長から出たといって来た。まあ、絵描きが書く中古住宅の本なんてくらいにしか思われていないだろうから金銭面は仕方

ないにしても、内容に関しては譲りたくなかった。「そんなに載せたら普通のインテリア本や住宅誌と同じになってしまう。これは家の細部までじっくり見せる類のない本なのだ」と10棟を主張した。何度かやり取りが続いたが、これ以上の議論は時間のムダと悟り17棟（＋コラム1棟）に折れた。やっと出版に漕ぎ付けたのに、これは思ったような本にはならないかもしれないなと予感した。

難航するデザイナー選び

編集には当初から声をかけていた浅見英治氏も加わることになった。フリーの編集者ながら出す企画をすべて通過させる手練だった。そして本を作るにはアートディレクター＝ADが必要だ。表紙デザインやページ構成、紙選びや印刷の仕方なども決めるADがいないことには本作りは始まらない。仕事のボリュームや期間を鑑みるとアシスタントが大勢いる事務所にということになり、改めてデザイナーを選ばねばならなくなった。企画を通した編集者石橋さんが候補者をピックアップ、一緒に訪問して廻った。どのデザイナーもセンスがよく奇麗なデザインをする方々ばかりだったが、今回の本に必要な「ひっかかり」や「ざらつき」の表現ができる人という条件には合致しなかった。そしてだれもが「取材には必ず同行すること」という必須条件には難色を示した。中々決められずに時間ばかりが経ち、そろそろタイムアップですよと決断を迫られた。

考え倦ねながら昼食を食べていると、ふと岡くんの先輩の細山田光宣氏が浮かんだ。彼はマガジンハウスでキャリアを積み、多数のアシスタントを率いて銀座と富ヶ谷にオフィスを構える名うてのグラフィックデザイナーだった。小さな平屋に住んでいると話すと興味を持ってくれ、美大時代

ラフスケッチでは入っていたピクトグラムのアイデアは、のちに『FLAT HOUSE style』のタイトルロゴで活かされた。左上はカバーを外した本体廻り。こちらは間取り図に変えて採用。

には米軍ハウスにも住んでいたという彼ならばこちらの意図もよく汲んでくれるだろうと思えた。「細山田デザイン事務所って知ってる？あそこならテイストが合うかなぁ」というなり「エエーッ！」と箸を停めて身を乗り出した。「あの細山田さんに頼めるんですか!?」と目を見開いて驚いている。「一応顔見知りだよ。多分やってくれるんじゃないかなぁ」と返すと「スゴい！細山田さんにやってもらえるなら誰からも文句は出ませんから！」と興奮MAX。店を出て本人に電話すると「いいですねぇ～楽しそう！」と快諾。取材同行の条件もクリア。「編集者なら一度はやってもらいたい憧れのデザイナーですよ～」と石橋さんの目がハートマーク、気丈な編集者から"普通の20代の女の子"になっていた。彼女の満面の笑みにやっと決まった安堵感も加わってしばし和んだ。

初めての取材と執筆

転居したばかりで落ち着かない中、撮り溜めた平屋写真データの洗い出し作業を急いだ。中からフォトジェニックな物件で取材にも応えてくれそうなお宅をピックアップ、改めてのご協力を電話と直訪問で依頼。FLAT HOUSEの住人は気さくな人が多く、イイ家だなあなんて庭先で見とれていると中から出て来て軽く挨拶を交わすや否や「お茶でも飲んで行きなよ」と迎え入れてくれることしばしば。結局夕飯までご馳走になってしまったようなケースもあるので、アポイントは比較的スムースに取れた。しかし中には「やっぱり意味が分からないのでやめた」と取材当日の朝になってドタキャンして来たり、浴室の改修をするから明日の午前中しかないよと突然言って来るような、こちらの都合など知ったこっちゃないといった住人もいた。自分だけならいいのだが、カメラマンの予定も巻き込んでしまうから厄介だった。しかし他人様の住処を取材するからにはそのくらいの覚悟が必要ということを学ばせてくれたり、その後の取材のやり方を検討をする上で良い機会ともなった。

取材終了間際から夏も本番に入り、執筆時期には猛暑となった。狭い部屋に籠り続けると鬱々として来るタチなので22畳のリビングにどーんとテーブルを拡げて仕事に取りかかったが、広さ故エアコンの効きが悪く昼過ぎには汗だくになった。ブログである程度の文章は書いていたものの、さすがに本一冊分となると量が違う。入稿日を記した手作りカレンダーを壁に貼って自己喚起し、ひたすらテキストと絵を描き続けた。

伝わらないアイデア、伝わる情熱

なぜ掲載数を頑に主張したかとかといえば、古家には見せるべき部分が満載だからである。そのことが出版社サイドにどうも伝わらない。版型も写真の大きさが生命線と思っていたためB5以上を要望していたが、書店に並べてもらい易いようにとA5になった。どう見積もっても17棟は収まらないということは判っていたが、出版社が気付いてくれたのは1棟目のテキストを送った後だった。

FLAT
HOUSE
LIFE

出版社に送付した企画書と取材先に依頼する際に手渡した取材依頼書。

まさか平屋一軒でここまで書いて来ると思わなかったのだろう。そこですかさず、やはりサイズを上げるか2巻に分冊しないかと提案。しかしふたつ返事でNOだったという報告。以前に出した建築書が不振だった経緯から、上長の当書制作に対する態度が未だ懐疑的である空気が伝わって来る。担当者経由では彼にはどうも伝わらないので、乗り込んで直談判したかったが刻々と〆切が迫る今となってはその時間すら惜しい。結局各棟大幅に縮小して撮った写真の三分の一だけでまとめることしか方法はなかった。もしこの時に彼が真剣に精査してくれていたならば、初刊は削った三分の二の材料が如何なく反映されたB5サイズ上下2巻となっていただろう。

タイトルは、地方で売り辛くなるので「TOKYO」を外そうと提案された。これに関しては納得でき

たためいくつかアイデアを挙げ直した。最後に絞られた案が『FLAT HOUSE LIFE』と『FLAT HOUSE STYLE』だった。前者に決まったのはいうまでもないが、後者はのちに自費出版本のタイトルとなる。そして最も重要な題字を手描きと打文字のどちらにするかという議論が残されていた。著者がイラストレーターであるからには自ら描いた文字であるべきという私に対して、社内多数決で勝った打文字でという石橋さん。2種類のカバー見本を前に討論は深夜に及んだ。受話器越しの丁々発止の熱い激論に双方一歩も譲らなかった。面白かったのは、ここでは例の上長が手描きを推してくれていたということ。音楽系出版を出発点としていた会社ということもあって、手描きの持つ「人の体温」のような感覚には理解があったのかもしれない。未見の人物だったが少し親近感が湧いた。4時を廻った頃だったろうか、すっと私が引いて議論の幕が降りた。理由はこう。こちらはすでにベッドに横たわっていた。方や彼女は会社のデスクからである。本来ならちゃっちゃと話をまとめて帰りたいところだろう。そこを彼女は引くことなく会社からこんな時間に私を説得している。意気込みを感じた。「じゃあ打文字で」と急に溜飲が下がったかのような私の声に「え!?何でそんな

デスクに拡げた色校正。気持ちが高揚する。

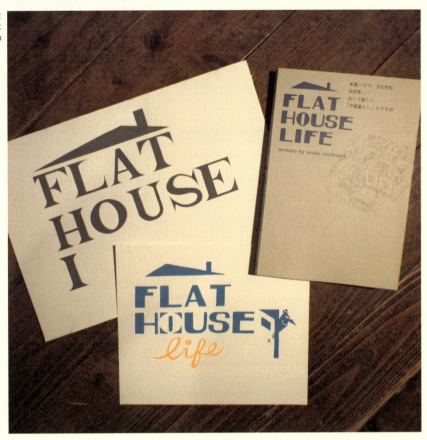

ボツとなった描き文字によるタイトルの数々。右端は実際の紙に刷ったカバーのダミー。

にあっさり引くんですか？どうしたんですか？」と困惑。「あなたの情熱勝ち。石橋さんに託します」と告げた。このときは案の勝ち負けなどにはなんの拘りもなく、ただただ自分以外の人間がこの本に対して情熱を持ってくれていることが判ったことが嬉しかった。

校正紙の束と不安

怒濤のような日々が終わり、無事入稿も済んで色校正が送られて来た。写真の色味や誤字脱字など製本前の最終チェックをこれでする。会社員時代はよく見ていた校正紙もここまで分厚い束は初見。しかも全部自分が書いたものである。封筒から引っぱり出してデスクに拡げると、この3ヶ月間の諸々が花畑のように広がった。この瞬間、おお、本当に本一冊書いたんだなと実感した。アカ入れをして返送し全行程終了。あとは刷り上がりを待つばかり。すると急に「売れなかったらどうしよう」という不安が沸々と湧き上がって来た。先述したように例年の大きな仕事もなく、制作中は営業活動も控えていたため貯金で凌ぐような経済状態。もし空振りに終われば重版もなし、それどころかその次の出版の青写真も潰え去るだろう。この土俵際っぷりはフリーになった頃ぶりだった。しかしそんな状況になると、まあ命までは取られないからそう深刻になるなヨというオプティミスティックな自分が出て来る。彼がいたからこれまでも苦境を乗り越えて来られたし、この生き方の面白さの再認識もさせてくれる。この俺が本にしてまで伝えようと思ったFLAT HOUSEだ、受け容れてくれる人が大勢いることを信じようと思った。

喜びから驚きへ

数週間後完成品が送られて来た。校正紙のときも嬉しかったが、やはり実物を手にするとさらに感無量だった。いつかは本を出したいという永年

のユメがはっきり具現化したことを認識できた瞬間だった。少々弱いかもと思っていたカバーも本に巻かれるとダイナミック、プロダクトとしての威厳を漂わせていた。2～3日すると大杉氏からメールが来た。「打ち合わせで渋谷に来たついでにLIBROに寄ってみました。本、スゴいですよ！」という内容に、ショーウインドウの中で週間売り上げ2位の札が添えられた拙著の写真が付いていた。どっと出た疲れが癒えた感じがし、気付くと気持ちが喜びから驚きへ転じていた。

その後もやはり大きなサイズでじっくり平屋を見せたいという欲求が消えず、一冊一軒というよりフリーキーな『FLAT HOUSE style』を自費出版する。サイズをB5にして題字は手描き、デザインは参加が叶わなかった大杉晋也氏が担当したこのジンは、『FLAT HOUSE LIFE』のある意味リベンジ的なシリーズとなった。その後12年暮れにはLIFEの2巻目を出版するも、直後マーブルトロン社が負債を抱えて消滅してしまう。販売元である中央公論新社との契約もそのまま切れ両巻は絶版状態に陥る。

今回の復刊にあたり読み直すと、すでに取り壊されてしまったFLAT HOUSEが半数近くあることに気付き改めて愕然とした。また家だけではなく、私がFLAT HOUSEシリーズを世に出すきっかけを作ってくれた岡優太郎くんも15年11月に50歳という若さでこの世を去ってしまった。この『FLAT HOUSE LIFE 1+2』は今はなきFLAT HOUSEたちと親愛なる岡優太郎くんに捧げるものである。

尚、取材対象者の家族構成など月日が経ったことで変わったり、表現が適さなくなった可能性のある箇所などもオリジナルのまま記載した。

渋谷LOGOSギャラリーで10年5月に行われた《FLAT HOUSE LIFE展》では写真や原画の展示のほかにもヴィンテージ家具を配して平屋の屋内を会場に再現させた。このイベントで『FLAT HOUSE style』創刊号が初めて販売され、現在各地で催されている『FLAT HOUSE meeting』の原型ともなるトークセッションも行われた。

渋谷PARCOの書店《LIBRO》では発売3週目に2位となった。ここから隣のLOGOSギャラリーでのイベント開催に繋がる。

現在は5つのチャプターに分け、住まいや暮らし方そして生き方の話もするトークライブ。もちろん平屋の写真や動画もたっぷり交えて。

FLAT HOUSE LIFE

アラタ・クールハンド

イラストレーター／文筆家
1965年生まれ 東京出身。水瓶座。
和光大学・桑沢デザイン研究所卒。
09年初著書『FLAT HOUSE LIFE』を発刊し、翌年には1冊1平屋という更に細部まで掘り下げた『FLAT HOUSE style』を自費出版としてシリーズ化。また、14年には自宅を店舗に兼ねて暮らす人々を紹介する『HOME SHOP style』も上梓。現在は東京都下と九州それぞれにFLAT HOUSEを借り、二拠点にて活動するFLAT HOUSEフリーク。

● アラタ・クールハンド著作一覧

FLAT HOUSE LIFE
09年／マーブルトロン／
中央公論新社　※絶版

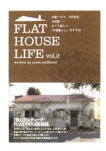

FLAT HOUSE LIFE vol.2
12年／マーブルトロン／
中央公論新社　※絶版

木の家に住みたくなったら
11年／エクスナレッジ
※共著

HOME SHOP style
14年／竹書房

FLAT HOUSE style 01
10年／vital method／
TEN PRINT

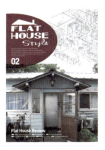

FLAT HOUSE style 02
10年／vital method／
TEN PRINT

FLAT HOUSE style 03
11年／vital method／
TEN PRINT

FLAT HOUSE style 04
15年／vital method／
TEN PRINT

● みんなが集える米軍ハウス

FLAT HOUSE cafe

中央林間駅から徒歩7分の立地にある解体寸前の米軍ハウスを有志でセルフ改修し、オリジナルの雰囲気を大切に残したカフェとして再生。バルコニーではペットを連れての飲食もでき、イベントの利用も可能。

〒242-0007　神奈川県大和市中央林間3-16-2
TEL：046-283-2322　営業時間 11：00〜17：00
水・木・金は基本営業／土・日は隔週営業
http://www.flat-house-cafe.com/

● 海辺の米軍ハウスにのんびり滞在

FLAT HOUSE villa

福岡県の海の街にある朽ちかけていた米軍ハウスを丁寧にリペアしゲストハウスとして再生。真裏がビーチという好立地の全国でもめずらしい宿泊できる海辺の米軍ハウス。
※お問い合わせ・ご予約はAirbnb／Facebookから

FLAT HOUSE LIFE 1+2
フラットハウスライフ

米軍ハウス、文化住宅、古民家……
古くて新しい「平屋暮らし」のすすめ

アラタ・クールハンド 著

アートディレクション	細山田光宣
デザイン	松本 歩、朝倉久美子、鈴木あづさ、長宗千夏（細山田デザイン事務所）
エディター	浅見英治、石橋淑美、三橋リョウコ
撮影	アラタ・クールハンド、岩崎美里、岩本 真、岸本夏行
イラスト	アラタ・クールハンド（vital method）
営業	原田和摩、鈴木祐介（TWO VIRGINS）
SP	神永泰宏（TWO VIRGINS）
編集	齋藤徳人（TWO VIRGINS）
企画・ディレクション	後藤佑介（TWO VIRGINS）
協力	大杉晋也

2017年4月1日　初版第1版

発行者　内野峰樹
発行所　株式会社トゥーヴァージンズ
　　　　〒102-0073
　　　　東京都千代田区九段北1-5-9-3F
　　　　TEL：03-5212-7442　FAX：03-3261-0765
　　　　http://www.twovirgins.jp

印刷　図書印刷株式会社

©2017 arata coolhand / TWO VIRGINS
PRINTED IN JAPAN
ISBN 978-4-908406-07-2 C0052

本書は09年刊「FLAT HOUSE LIFE」、12年刊「FLAT HOUSE LIFE vol.2」（共にマーブルトロン／中央公論新社）に新規ページを追加し、新装版として再編集したものです。一部データは取材時のものとなっております。乱丁本・落丁本はお取り替えいたします。本書の無断複写・複製を禁じます。